존재는 생명의 강물

이기상 교수의 정년停年, 새로운 해오름을 기리며

존재는 생명의 강물

이기상 교수의 정년停年, 새로운 해오름을 기리며

이기상 교수 정년 기념 출판위원회 편

채륜
CHAE RYUN

아름다워라 거기

가까우면서 멀고

드높으면서 낮아

찾는 이마다 때 없이 만날 수 있고

마음마다 깊어

하늘아래 모두가 벗

서로 알아볼 때

살.섬.비.나.

절로 이루어지리.

살리고섬기며
비우고나눈삶
이땅에숨쉬리

아라리온

한국외국어대학교 철학과 박 희영 교수가 써 주신 붓글씨 말씀

정 희선 사모님과 함께

뒤쪽 줄 왼쪽부터: 이 현호(둘째), 이 은호(첫째), 이 근서(손자), 최 효은(며느님), 전의(새아들)

이 책을 만든 사람들의 마음

이기상 교수님의 정년을 감사와 존경의 마음을 담아 진심으로 축하드립니다. 1984년 한국외국어대학 철학과에 부임하셔서 지금까지 28년간 맡으신 일에 성실과 책임을 다하여 봉직하셨습니다. 그동안 교수님께서 후학들을 위해 쏟으신 열정과 노고를 기억하고 한국사회를 위하여 헌신하신 높으신 학덕을 기리고자 이 기념집을 만들게 되었습니다. 교수님의 삶의 여정에서 함께 사유하고, 시대를 고민하며 함께 실천했던 많은 분들이 주옥같은 원고를 보내주셨습니다. 글 속에는 그동안 가슴 속에 고이 간직해 온 기억과 소중한 추억, 깊은 교제에서 우러나오는 진솔한 우정, 가르침과 깨달음에 대한 고마움과 존경심이 고스란히 담겨있습니다. 정성들여 세심하게 모아 흩어놓은 글들, 그림, 사진들을 따라 읽다보면 마치 거울을 보는 것처럼 어느새 교수님의 지난 삶 전체를 돌아보게 됩니다.

교수님의 삶 전체는 부단한 '공부'의 정진이었습니다. 교수님의 박사논문 첫 장에 한글발음으로 쓴 '공부'라는 글자가 아직도 기억납니다. 공부 때문에 가족들과 많은 시간을 가지지 못했던 미안함을 논문 앞에 적어놓을 정도로 유학하여 신학에서 철학으로 전공을 바꾸신 후 어렵기로 유명한 예수회 철학대학에서 십여 년을 넘게 학부부터 박사까지 길고 긴 공부의 세월을 보내셨습니다. 그런데도 교수님은 회갑기념식에서 다시 "끊임없이 배울 것이 나타나는 바람에 배움에 치여 정신을 못 차린 지난 세월"을 보냈다고 말씀하실 정도로 공부를 게을리 하지 않으셨습니다. 이렇게 인생 전체를 송두리째 공부에 내던진 교수님의 삶은 결코 헛되지 않았습니다. 한나 아렌트가 청년 하이데거의 강의를 듣고 '독일 철학계의 숨은 왕'이라고 했던가요? 한국에 오신 직후부터 교수님의 공부 역량은 그대로 발휘되어 당시 외대에는 하이데거를 배우기 위해 수많은 대학원생들이 몰려 왔습니다. 공부에 부단히 정진하시면서 철저하게 가르친 많은 제자들은 이제 교수가 되었으며, 누구도 따라올 수 없을 만큼 발표한 수많은 논문과 저·역서는 한국의 하이데거 연구를 지금 수준으로 올려놓았습니다. 하이데거를 통해 하이데거를 넘어 민족과 시대의 존재소리에 귀 기울이며 공부하신 존재사건학, 생명학, 문화 콘텐츠학은 한국 지성사에 길이 남을 것입니다.

교수님은 항상 소신을 가지고 행동하는 철학자였습니다. 교수님은 책상머리에만 머물러 있지 아니하고 철학의 한국화를 위해 불철주야로 동분서주 하셨습니다. 사상과 함께 생활도 변해야 한다고 스스럼없이 한복으로 바꿔 입고 세계 전역을 다니셨습니다. 고답적인 학계의 풍토를 변화시키려고 부단히 애를 쓰시며 직접 학회와 연구소를 설립하시고 아무도 엄두를 내지 못할 우리말 철학사전을 만드셨습니다. 기회가 있을 때마다 언론을 통해 '우리말로 사유하기'를 전파하시고 뜻을 같이 하는 많은 인사들과 교류하시며 큰 사업을 추진하셨습니다. 필요할 때마다 과감한 추진력과 탁월한 리더십을 발휘하셔서 강의실과 연구실에 안주하는 주변 사람들을 움직이셨습니다. 지금도 교수님은 한국사상에 기초한 생명운동, 환경운동, 영성운동을 세계 속에 펼치려고 무던히 힘쓰고 계실 뿐만 아니라 시대의 매체변화에 발맞춰 지금까지의 모든 연구를 융합시켜 새로운 문화운동을 수행하는 선구자로서 쉼 없는 도전을 감행하시고 계십니다.

부단히 공부하며 소신을 가지고 행동하는 철학자로서 교수님은 오늘날 우리 사회에 절실하게 요구되는 학자의 참모습이며, 한국 지성계가 나아가야 할 방향을 제시한 개척자이십니다. 우리 마음속에 항상 자랑스럽게 남아계시기를 바라며 후학들은 교수님의 숭고한 뜻을 이어 나갈 것입니다. 정년 이후에도 교수님의 새로운 도전을 기대하며 계속 응원할 것입니다.

기념집을 만드는 일에 많은 분들께서 기꺼이 동참해 주셨습니다. 좋은 글로 마음을 모아주신 학계 원로교수님, 친우분, 외대철학과 동료교수님, 하이데거 학회 역대 회장님, 시대를 함께 고민하며 일했던 지인 여러분, 후학 여러분들께 두 손 모아 감사를 드립니다. 아울러 책의 편집과 기획을 맡아 주신 한국외국어대학교 철학과 박치완, 김원명 교수님과, 원고를 모아 책으로 만들어 주신 숙명여자대학교 구연상 교수님, 그리고 글쓴이를 섭외하고 편집과 교정을 도와주신 한국외국어대학교 이은주 교수님과 선문대학교 조형국 교수님께 심심한 감사를 드립니다.

2012년 4월
김 재철 올림

이 책을 만든 제자들 : 이기상 교수 뒤 왼쪽부터, 구연상, 박치완, 김재철, 조형국, 이은주

차례

▸ 아로리(지인, 知人)의 글

오세영 화백의 그림

근원을 추구하는 한복철학자

1992 봄 어느 날 오후가 아니었던가 기억된다. 미국대학에서 은퇴하고 포항공대에 초빙교수로 온 지 한 반년쯤 되었을 때였다. 나는 이 기상 교수의 초대를 받고 당시 그가 참여하고 있던 KBS TV 정기 토론 프로그램에서 바로 이 년 전에 출판했던 『자비의 윤리학』에 대한 토론에 참석하고자 방송국 쪽으로 걸어가고 있었다. 바로 그 정 반대쪽에서 흰 동정을 달은 검은 두루마기를 입고 개똥모자사냥모자를 쓴 신사가 나와 마주쳤다. 보자마자 인상이 아주 깔끔하고 수재 같다는 느낌을 받게 되어 좋았다. 그가 자신의 이름을 대면서 반갑게 인사했다. "멀리 오시느라 수고하셨습니다." "이렇게 처음 만나 뵈어서 반갑습니다."

박 이문
보스톤, 시몬스대학 및
포항공과대학교 철학 명예교수

회귀와 용기의 철학자

이기상 교수의 퇴임에 부쳐서

아주 자연스럽게 대답했다. "아니 재작년 여름 호암교수회관에서 선생님의 출판기념 겸 회갑 기념 모임에서 만났지 않았나요?"

그렇다. 나는 1989년 봄 학기 포항공대의 방문교수였는데 그 해가 마침 나의 회갑이자 나의 『자비의 윤리학』이라는 제목의 책이 나왔던 해였다. 이 두 가지를 기념한다고 당시 서울대 철학과 이명현 교수가 주동이 되어 지금은 고인이 되신 김태길 교수님을 비롯하여 20 여명의 철학 교수들이 모여 회식을 했었는데, 그 때 이기상 교수도 그곳에 참석했던 것이다. 그

선생의 한복 차림은 멋의 차원이 아니다. 1989년 이래 진지하게 탐구해 오고 있는 한국 철학이 외화된 것이다. 학문적 자의식은 하이데거를 이어 받은 면이 크다. 즉, 독일 철학자들이 철학을 논할 때는 독어가 아닌 라틴어를 쓰는 것에 반해 일상 독일어로 철학해야 함을 실천해 보인 하이데거의 방법론을 이어 받은 것이다.

[석학에게 듣는다. 이기상 한국외국어대학교 철학과 교수], 『주간한국』, 2003/08/13.

한복이 생활과 더불어 변하지 않았을 때 한복 그 자체는 죽어버렸습니다. 그렇지만 지금 한복이 생활과 더불어 살아난다면 생활한복이 될 수가 있는 거죠. 그런데 우리는 한복을 다 버린 뒤에 생활한복으로 만드는 바람에 사람들이 거기에 낯설어 합니다. 저는 사상도 마찬가지라고 생각합니다. 사상도 생활과 더불어 살아남지 않는다면, 생활은 변하는데 사상은 변하지 않는다면, 그 사상의 존재 의미가 사라지는 겁니다. 그런 차원에서 학문하는 사람들이 가져야 하는 문제의식은 투철한 현실의식입니다. 우리가 어디에 왜 살고 있는지를 내다보면서 과거의 역사와 문화를 되돌아보고, 미래에 어떻게 살아야 하는지에 대한 가능성을 과거에서 찾아 현재에 실현시키려 노력해야 합니다. 철학하는 사람들이 이러한 건전한 시간관을 사람들에게 심어줘야만 우리 사상이 스스로 사유함 속에서 생활의 지침이 되고 미래의 대안이 될 수 있을 것입니다.

『오늘의 동양사상』(제6호), 2002년.

중 몇 명을 제외하고는 모든 이들이 나에게는 초면이었다. 나는 그런 상황에서 서먹서먹하고, 얼떨떨하고 어리벙벙하게 지낼 수밖에 없었다. 참석자의 이름은 물론 얼굴도 똑바로 기억했던 분이 반도 안됐던 것으로 기억된다. 물론 나를 위한 모임에 그곳에 오셨던 모든 분들에게 그때는 물론 지금도 고맙다는 생각을 하고 있지만 말이다.

그러나 이기상에게서 받은 인상은 지금이나 그 때나 각별해서 줄곧 남아있었다. 독일에서 학위를 받고 귀국한 지 몇 년 되지 않았던 그의 피부가 회갑이 훨씬 넘은 지금도 그렇지만 당시는 유난히 창백하다고 할 정도로 희고 맑았으며, 이목구비가 드물게 정돈된 동안이며, 옷 입은 모습도 각별히 반듯했던 것으로, 외국에서 온 귀공자 같은 느낌을 주었다. 그의 외모는 전형적 한국인으로는 보이지 않았고, 그 자신의 철학은 그가 평생 심취했던 하이데거를 닮은 것도 아니다. 그의 철학은 해가 갈수록 토속적 한국적 정신이 풍기고, 그래서 그의 소년 같은 외모와 단정한 몸가짐에도 불구하고, 또한 그의 집안이 몇 대에 걸쳐서 독실한 가톨릭 신앙 속에 살아왔고 본인 자신이 신부가 거의 되었다가 환속을 했던 경력도 갖고 있지만, 그의 정신적 내면세계는 해가 갈수록 한국적이며, 무교적인 요소가 더욱 배어난다는 느낌을 준다.

이 교수의 철학적 경향에 대한 위와 같은 느낌은 그의 출판해 온 책들의 방향에서도 그대로 들어맞는다. 그는 처음에 하이데거의 실존과 언어(1991), 하이데거의 존재와 현상(1992), 존재의 바람(1999) 등 현상학 내지 실존주의 그리고 하이데거 등에 관한 비중 있고 전통적이며 고답적인 철학사적 연구서적을 발표했고, 근래에는 양단간 시사적이고 현실적인 주제를 다룬 콘텐츠와 문화철학(2009), 지구촌 시대와 문화 콘텐츠(2009), 글로벌 생명학(2010)과 같은 오늘날 문화에 대한 철학적 연구서들을 출간해 왔지만, 이러한 모든 연구의 밑바닥에는 함석헌, 유영모, 김홍오, 김지하 등과 같은, 근대화 이후의 한국적 민속적 사상을 대표하는 이들에 대한 깊은 관심과, 그들의 사상을 지속적으로 연구 발전시키는 작업에 심혈을 기울여 왔다.

답사 : 회갑논문 증정식에서

이제 주변의 강압에 의해서도 지나온 60평생을 되돌아보게 됩니다. 84년 9월 외대에 왔으니 외대에 온 지도 햇수로 24년이 되었습니다. **80년대 최루가스** 냄새를 맡지 않고는 하루를 넘길 수 없었던 그런 시절이었지요. 최루가스에 익숙지 않았던 저는 각막궤양인가 뭔가로 귀국해서 처음으로 병원신세를 져야 했습니다. 이 시절 학생들은 가장 생기가 있었습니다. 주변에서 강압적으로 왜 살아야 하는지를 고민하게 만들었으니까요. 철학과에 학생들도 넘쳐나던 시절이지요. **배움의 열망으로 가득 찬 학생들**의 눈초리는 또랑또랑하고 초롱초롱하였습니다. 황경선, 김재철, 박치완, 추기연, 박경숙, 구연상, 이은주, 이혜정, 윤성우, 배학수, 박찬국, 이선일, 안재오, 강순전, 정은해, 이유택 등이 바로 그러한 학생들이었습니다. 이제 이분들이 훌륭한 학자가 되어 글로써 제 회갑을 축하해주니 이보다 더 큰 보람이 어디 있겠습니까?

신학을 하다가 철학으로 과를 바꾼 전과자로서 한국의 학술계에서 자기를 주장하기는 쉽지가 않았습니다. 한국철학회, 철학연구회, 현상학회, 해석학회, 하이데거학회, 철학교육연구회에 회원으로서 열심히 활동을 했습니다. 그것으로도 부족하다 싶어 **우리사상연구소**를 만들어 한국의 현대사상에 대해 공부를 했지요. 그것을 계기로 철학의 한국화가 필요함을 절감하여 〈이 땅에서 철학하기〉를 주창했지요. 거기에서 한 걸음 더 나아가 〈우리말로 철학하자〉고 외치면서 〈우리말 철학사전〉을 간행하기 시작했습니다. 이것은 단지 철학의 문제가 아니라 이 땅에서의 학문하기의 문제라고 주변의 몇몇 학자들의 권고로 〈우리말로 학문하자〉는 기치를 내건 〈우리말로 학문하기 모임〉을 결성하게 되었지요.

이런 활동을 하는 가운데 정현기 선생님이나 최봉영 선생님, 진월 스님, 이도흠 선생님 같은 좋은 학자분들을 만날 수 있었습니다. 다석 유영모 선생의 사상에 심취해서 관심 있는 몇 분들과 〈다석학회〉도 창립하게 되었지요. 우리사상연구소에서 생명문제를 주제로 삼아 몇 차례 심포지엄을 갖고 〈생명과 더불어 철학하기〉라는 책도 냈습니다. 생명에 대한 연구는 김지하의 생명사상으로까지 넓어졌고 〈김지하의 생명사건론〉이라는 논문을 발표하기에 이르렀습니다. 그것이 인연이 되어 김지하 시인이 주관하시는 〈세계생명문화포럼〉에 관여하게 되었습니다. 네 차례의 포럼을 성공리에 치루고 이제 연구성과를 체계화시킬 필요성을 느껴 같이 포럼을 운영해오던 학자들이 모여 김지하 시인과 더불어 〈생명학회〉를 창립하려고 시도합니다. 지금은 대학원 문화콘텐츠학과 주임교수로서 젊은 학도들과 함께 이 땅에서 처음 시작된 문화콘텐츠 운동을 〈문화콘텐츠학〉으로 정립하려고 노력하고 있습니다.

지난 60년을 되돌아보니 가만히 한군데 머물러 있지 못하고 끊임없이 여기저기 헤집고 다녔다는 것이 드러나는 군요. 끊임없이 배울 것이 나타나는 바람에 배움에 치여 정신을 못 차린 지난 세월이었나 봅니다. 이렇게 정신없이 공부에, 일에 치이며 열심히 이것저것 해낼 수 있었던 것은 걱정 없이 그때그때의 일에 몰두하게 환경설정을 완벽하게 마련해 준 집사람의 공이 컸다는 것을 뒤늦게야 깨달았습니다. 폐암이라는 선고를 받고서도 제가 하는 일에 부담이 안 되려고 더욱 노력한 집사람의 보이지 않는 희생이 지금 더욱 제 마음을 아프게 합니다. 오늘 제가 가장 감사해야 할 사람은 정작 집사람인데…. 그 사람의 빈자리가 더욱 크게 느껴지는 오늘입니다. 집사람 대신 자리해 주신 어머님과 이모님과 처남들께 깊은 감사의 인사를 드립니다.

지난 2월 큰일을 당했을 때에도 오늘 참석하신 여러 선생님들과 후학들, 그리고 친지들과 친우들이 음으로 양으로 도와주셔서 이제 그 어려움을 조금씩 견디며 일상의 리듬을 되찾고 있습니다. 오늘 이렇게 뜻 깊은 자리를 마련하여 제 평생 잊지 못할 축제를 만들어서 저에게 다시 힘과 용기를 주시는 여러분들께 머리 숙여 감사의 큰절을 올립니다. 고맙습니다. 끝까지 자리를 해주시며 즐거운 시간 가지시기를 바랍니다.

2007년 5월 12일
이기상 모심.

그의 철학적 관심과 저서의 주제들로 볼 수 있는 그의 철학의 궤적은 강단철학에서 대중으로의, 서양적 철학에서 전통적 사상으로의 회귀, 서양 특히 독일에서 한국으로의 회귀, 현대와 근대에서 전통과 민속적 사유로의 회귀, 서양의 가지에서 동양의 뿌리로의 회기, 근/현대에서 한국적 전통으로 회귀, 타자의 모방에서 자기주체로의 창조로의 회귀, 세계인에서 한국인으로의 회귀, 타자의 시각과 모방에서 해방된 자기주체성 회복과 자기 자신의 언어와 창조로의 회귀를 그려내고 있다. 그가 만들어낸 '우리말 개념들'과 그가 중심이 되어 세워진 "우리말로 학문하기 모임/우리사상연구소"가 이러한 변화를 웅변적으로 말해 주고 있다. 무엇보다 그가 2001~2007의 긴 기간 동안 혼신의 정열을 쏟았던 우리말 철학 사전 총 5권은 그의 철학적 혁신 운동, 애국심, 계몽주의적 노력의 가장 뚜렷한 증거이다. 그의 민족주의와 애국심은 내가 KBS에서 두루마리 차림의 그를 본 이후부터 오늘날까지 20년 이상 줄곧 그가 입고 있는 한복차림에서 드러난다고 말할 수 있다.

서양철학에 韓國的 '뼈와 살' 입혀

우리사상연구소 '우리말 철학사전'

"주체적인 思惟없이 유행이론만 수입"

교수12명 12개 개념정리후 대안 제시

우리말 철학사전 만들기에 함께 참여한 박이문과 이 기상,
조선일보, 2001년 6월.

우리말 철학사전의 필요성을 알리는
중앙일보 기사 내용, 2001년 7월.

이기상 교수 = 서구 이론을 수입 소개하는 '철학 오퍼상 수준' 을 벗어나 우리의 삶 속에서 우러나온 주체적 철학을 하자는 뜻으로 받아들여 달라. 스스로 철학함이 없이 외국에서 유행한 이론을 앵무새처럼 되뇌었던 지난 한 세기를 반성하자는 것이다. 서양철학이 상륙한 지 1백년이 지났다. 이 땅에서 우리말로 철학하기는 더 이상 미룰 수 없는 과제다.

김상봉 교수 = 우리말로 철학한다는 것이 한자나 외국어를 배제하고 국어순화운동을 펴자는 것은 아니다. 나는 동시대인의 삶을 포괄하며 참된 의미의 우리를 찾아 정체성을 확립하자는 뜻으로 이해하고 참여했다.

사회 = 영어공용어 주장까지 나오는 세계화시대에 철학의 한국화를 주장하는 것은 너무 국수주의적 아닌가.

이기상 교수 = 하지만 잘 보라. 철학의 독일화 혹은 영국화란 말을 하지 않아도 되는 이유는 그 나라 철학자들의 글 속에 그들의 일상적 생활세계가 이미 녹아 있기 때문이다. 우리의 생활을 반영한 철학을 하지 못했다. 삶의 현장에서 부대낀 아픔이 반영된 우리의 시대정신을 정립해내지 못한 것이다.
창조적으로 철학을 하기 위해선 믿고 인용할 만한 철학사전과 철학사책이 필수다. 그것은 비유컨대, 숟가락과 젓가락을 갖추는 작업이다. 자기만의 독특한 철학 줄기를 이루고 있는 독일어권, 프랑스어권, 영어권 등을 보면 그들이 제일 먼저 최대한의 노력을 들여 실행한 사업은 자신들의 언어로 된 철학사전을 편찬해 낸 일이다. 우리말 철학사전은 주체적 사고를 위한 여건을 만드는 의미 있는 첫걸음으로 자부한다.

『중앙일보』, 2001년 7월 6일자 기사

이러한 활동을 시작하기 전 그는 이제는 고인 된 자신의 우아한 부인과 나를 집으로 찾아와서 위와 같은 프로젝트에 참여해 달라고 청했다. 나는 즉각적으로 협력하기로 결정했다. 나의 참여는 줄곧 소극적이고 피상적이었다. 그러면서도 나는 그가 갖고 있는 철학적 열정, 사업추진 역량 그리고 리더십에 번번이 깜짝깜짝 놀라면서도 감탄하곤 했다. 그는 창백한 귀공자 같지만 뛰어난 철학일 뿐 아니라 유능한 행정적, 정치적 리더십을 가진 행동가이다. 그는 보기와는 달리 고답적 사색인만이 아니 적극적으로 행동하는 철학자이다. 그를 옆에서 지켜보면서 나는 언제나 불꽃같은 그의 생명력을 피부로 감지하곤 선망의 눈으로 그를 바라보곤 했다.

나는 철학자로서의 이 교수의 위와 같은 사상적 회귀에 완전히 동조하지 않는 편이었으며, 현재도 마찬가지다. 자신의 전통, 역사와 분리할 수 없는 한 구체적 인간으로서의 철학자가 자신의 주체성으로 민족적 전통, 애국심, 자신의 역사를 떠나서는 주체성을 찾을 수 없고, 존재할 수조차도 없다는 것은 분명하지만, 철학자로서의 인간은 서양인이든 동양인이든, 중국인이든 한국인이든 과거, 현재 그리고 미래에 있어서나 가능한 한 그러한 경계를 초월하여 보편적인 인간으로서 보편적이고도 영원한 '진리'를 추구해야만 한다고 확신하고 있기 때문이다. 철학이 이념이나 가치관을 완전히 떠날 수는 없지만 진정한 철학자는 그러한 요소들의 포로가 되기를 거부해야 한다고 믿는다. 거기서 탈출하지 못하는 철학적 사유는 넘을 수 없는 한계를 갖기 때문이다.

그러나 만약 한 철학자가 자신의 사유하는 과정에서 단지 지적이고 이념적일 뿐 이 교수와 같이 정치적 차원에서만이 아니라 자신의 사유와 행동 그리고 삶의 실존적 차원에서 열정을 갖고 실천적 행동으로 뛰어들지 않는다면, 모든 것은 아무런 성과도 거둘 수 없고 아무런 의미도 가질 수 없다. 이런 차원에서 이 교수는 철학에서만이 아니라 모든 영적, 지적 및 인간적 차원에서 열정을 갖고 소신대로 살아왔고 지금도 그렇게 계속 살아가고 있는 철학자이자 학자이며, 동료이자 스승이며, 애인이자 남편이며, 아버지이자 가장이다.

이 교수는 사랑을 위해서 성직자에서 철학교수의 길을 택했고, 남편으로서는 부인을 위해서 헌신적이었고, 대학 교수로서는 자신의 선배 동료나 후배한테서 다 같이 모범적 학자로 존중되고, 자신의 주위에는 언제나 그를 따르는 수많은 대학원생들로부터는 명강의로 존중 받고, 친구들처럼 가깝게 지내왔던 것으로 나는 알고 있다. 그는 철학자들 사이에서 인간적으로나 학구적으로 존경을 받으며 아주 젊고 활기 있고 열정적으로 삶을 살아 왔던 것으로 널리 알려져 있다.

석촌동 자택 서재에서 기자의 질문에 대답하는 모습, 2003.

서가 한 칸을 가득 메우고 있는
이기상 교수의 저서들,
손에 든 책은 『하이데거의 존재사건학』

자신의 왕성한 학술서 저서와 그 출판, 학생들의 교육과 인간적 지도에 바친 열정, [우리말로 학문하기]라는 말로 압축되는 한국에서의 인문학 교육의 개혁운동이자 문화운동에서 구체적으로 보여준 그의 리더십과 실천적 행동에서 나타난 그의 지도력과 실천적 열정과 실천적 용기는 청아했던 자신의 첫 번째 부인 홍 소피아 여사의 폐암 수술 그리고 그녀와의 작별, 그리고 얼마 후 자기 자신의 대장암 수술과 그에 따른 괴산 산골에서의 은신생활과 최근 재혼 과정에서 보여준 이 교수의 용기, 의지 그리고 삶에 바친 사랑은 누가 어디서 보아도 아직도 살아 있는 우리 모두에게 보여준 한 인간이 보여준 삶의 귀중한 귀감이 된다. 이 교수의 이와 같은 삶의 행적을 어떻게 설명할 수 있겠는가? 어쩌면 그것은 28세의 나이에 그의 표현을 빌리자면, '장가를 가고 싶어서'라는 이유로 성직을 포기하고 속세의 삶을 택했고, 친지들한테 자신이 가톨릭교도라는 것을 한 번도 입에 내지 않지만, 가장 깊은 차원에서 그가 누구보다도 독실한 가톨릭 신자로 남아 있기 때문이 아닌가 싶다.

21세기를 위한 문화적 결단 : 생태학적 세계관

1.

서구에서 시작된 근대화, 산업화의 기세는 이제 전 지구를 뒤덮었고 따라서 우리는 원하든 원치 않든 〈하나의 지구, 하나의 세계〉에서 지구의 구성원으로 운명을 같이하며 살아나가야 한다. 오늘을 사는 우리 모두는 〈지구촌 호〉라는 고속열차를 타고 우리의 안전과 평안을 기술과 과학에 맡긴 채 차창에 비치는 변화를 즐기면서 예측 못할 미래를 호기심 속에 기대하며 끝 모를 곳을 향하여 질주해 가고 있는 셈이다. 변화, 발전, 안전, 평안, 보편, 편이 등이 새로운 가치로 부상하여 지구촌 주민들의 사고와 생활방식을 차츰차츰 통제해가고 있다. 우리 한국도 천신만고 끝에 근대화에 성공하여 〈지구촌 호〉라는 고속열차에 간신히 탑승하는 영광을 얻어 -- 비록 뒤 칸이긴 하지만 -- 아직도 타지 못해 쩔쩔매는 개도국을 여유 있게 바라보면서 열차의 속도감을 만끽하고 있다.

그런데 여기저기서 이 기술 과학 문명의 고속열차에 대해 비판의 목소리가 커지기 시작하더니 이제는 그것이 대안을 찾아야 한다는 항의성 외침으로 바뀌고 있다. 기술 과학 문명이 우리에게 약속하고 있는 안정과 평안은 허구이며 기만이고, 속도감을 즐기고 있는 이 변화와 발전이라는 것도 결국은 자기파멸의 길이며, 이 고속열차의 운영과 유지는 탑승하지 못한 사람들의 피땀에 의해서만 가능하며 더 나아가 이 지구 자체의 파괴라는 대가를 치루고 있다는 경고의 소리가 그것이다.

박이문 교수의 최근의 저서 『문명의 위기와 문화의 전환』도 이런 시대사적 맥락에서 이루어진 글쓰기의 결과이다. 그는 21세기에는 새로운 모델의 문명이 필요하며, 그 대안으로 생태학적 문화를 키워나갈 것을 제안하며, 그러기 위한 노력으로 동서사유의 기본적인 유형을 비교검토하고 있다.

2.

도구의 발견으로 시작된 인류의 문명사는 끊임없는 삶의 개선을 위한 노력으로 점철돼 왔으며 그것이 성공하는 한에서 진보의 역사인 셈이다. 그런데 이 진보라는 것이 결국은 인간에 의한 〈자연의 정복과 개발〉이라는 형태로 나타나는 것이다. 근대화, 산업화라는 것도 따지고 보면, 과학적 지식의 체계화와 과학 기술의 획기적 발전에 기초한 대대적이고 〈철저한 자연 공격, 정복과 약탈〉에 다름 아니다. 그런데 벌거벗은 채로 우리에게 자신을 내맡기고만 있는 줄 알았던 〈자연이 인간에게 반격의 포문〉을 열기 시작한 것이다. 상상할 수 없는 생태계 파괴로 인해 이제 인류의 생존 자체가 위협받고 있다. 인간을 물질적 빈곤, 추위와 더위, 질병으로부터 해방시켜 준 과학 기술 문명이 이제는 인간에게 언제 폭발할지 모를 〈문명의 시한폭탄〉이 되어버렸다. 지금 인류는 과거 어느 때보다도 총체적이며 근원적인 위기에 직면해 있다. 이제 인류는 지구라는 생명체의 살인범으로 자연과 더불어 화석의 운명을 맞이하지 않으려면, 과학 기술의 한계와 진보의 의미에 대해 깊이 숙고해 보아야 하며 대안으로 문명의 새로운 모델이 필요하다는 것이 저자 박이문 교수의 주장이다.

지금 인류는 지구 전체가 하나의 지구촌을 이루고 있는 〈하나의〉 문명 속에 살고 있다. 따라서 박이문 교수는 우리가 찾아야 하는 문명의 새 모델도 현대 한국인이나 동양인이라는 특수한 지역 또는 힌두교, 유교, 기독교, 이슬람교 등의 이념을 초월하여 세계 전체의 인류에게 공통적으로 적용될 수 있는 것이어야 한다고 주장한다. 세계를 오늘과 같은 하나의 지구촌으로 꾸미고 하나의 문명권으로 만든 것은 과학 기술이며, 그래서 현대의 문명을 〈과학 기술 문명〉이라 할 수 있다.

박이문 교수는 21세기를 내다보며 우리가 새롭게 찾아야 하는 문명의 새 모델을 〈포스트-과학 기술 문명〉이라 부르자고 제안한다. "포스트-과학 기술 문명은 자연에 대한 과학적 접근과 인식, 그리고 과학 기술의 중요성을 부정하지 않는다. 새 문명이 과학 기술 문명과 다른 점은 과학 기술 문명을 반성적으로 재평가하고 그것의 의미와 기능을 보다 거시적인 시각에서 이해하고 통제하자는 데 있다. 여기서 거시적 시각은 생태학적 세계관을 지칭함에 지나지 않는다."(44)

인간 중심적 세계관을 밑바탕에 깔고 있는 과학 기술 문명과는 다르게 생태학적 세계관은 자연 중심적이다. 자연 중심적 세계관은 인간을 자연의 주인이 아님은 물론 자연과 완전히 분리된 존재로서가 아니라 자연의 일부로 본다. 이러한 세계관을 바탕으로 한 〈포스트-과학 기술 문명〉이 현재의 과학 기술 문명을 몇 가지 점에서 전환시킬 것으로 박이문 교수는 기대한다.

첫째, 새 문명의 모델은 더 이상 〈도구적 자연관〉이 아닌 〈공존의 자연관〉을 내세운다. 자연은 더 이상 인간의 복지를 위한 도구가 아니라 그 자체가 목적이다.

둘째, 새 문명의 사고·인식의 틀은 미시적에서 거시적으로, 근시적에서 원시적으로, 단편적에서 총체적으로, 분석적에서 종합적인 형태로 전환한다.

셋째, 새 문명과 더불어 외형적 생산·소유의 가치관이 내면적 체험·감상의 가치관으로 전환하게 된다. 이제 중요한 것은 물질적 소유의 양과 수가 아니라 정신적 체험의 깊이와 질이다.

넷째, 새 문명의 모델 속에서 인간은 이기적 배타성을 버리고 공동체적 협동을, 공격적 지배성을 버리고 조화로운 유연성을 도모하여 평화적 공존을 지향하게 된다.

그리고 이러한 문명의 새 모델을 위해서 우선 우리의 자연관, 가치관, 태도, 사고 양식의 혁명이 필요하다고 저자는 역설한다.

3.

박이문 교수는 현대 문명 속에 잠재하고 있는 역사적 위기를 현대인의 근본적 사고의 개혁, 즉 〈현대인의 문화적 전환〉으로 극복할 것을 주장한다. 그리하여 그는 21세기를 위하여 인류가 〈생태학적 문화에로 결단〉을 내릴 것을 촉구한다.

인간 중심적 사고를 버리고 자연 중심적 태도를 견지할 〈생태학적 문화〉는 인간 중심적 세계관과 비교할 때, 다음과 같은 점에서 구별된다.

첫째, 생태학적 문화는 〈자연과 인간의 동일성〉을 믿는다. 자연과 인간의 분리와 대립은 형이상학적으로 볼 때 피상적이며 인위적이다.

따라서 둘째, 〈인간의 형이상학적 특수성을 부정〉한다. 자연의 관점, 즉 전체적 시각에서 볼 때 인간의 유일한 특수 가치를 인정할 수 없다. 인간은 단 하나의 자연, 우주전체를 구성하는 무한한 고리의 일부에 지나지 않는다. 자연이라는 하나의 존재가 그 구성 부분으로 분할할 수 없음을 인정할 때, 인간의 특권을 믿는다는 것은 논리적으로 불가능하다.

셋째, 생태학적 문화는 인식론적으로 분석적 사고 방식에 앞서 〈종합적 사유〉를 더 강조하고 중요시한다. 개별적 사물 현상은 단 하나의 전체 속에서만 옳게 인식될 수 있다. 이런 생태학적·인식론적 맥락에서 전체를 구성하는 피상적 현상들간의 우열이나 상하의 위계적 개념은 의미를 가질 수 없다.

넷째, 생태학적 문화는 발전·진보와 개발이란 개념의 근본적 재검토를 요구한다. 인간의 편이만을 위한 자연의 정복과 약탈이라는 도구적 목적 합리성에 바탕 한 발전과 진보, 개발은 최종적으로는 인류에게 돌이킬 수 없는 자연 파괴를 조장하여 자기 파멸의 늪 속으로 빨려 들어가도록 만든다. 참다운 개발은 자연의 재료화에 있지 않고 자연과의 공생을 유지 내지는 회복하는 데 있으며, 참다운 발전·진보는 인간의 물질적 욕망 충족에만 있지 않고 자연·존재 일반의 일부로서 인간의 형이상학적·종교적 의미를 찾아 경험하는 데 있을 것이기 때문이다.

다섯째, 생태학적 문화는 인간이 무제한한 물질적 욕망과 자연 정복의 의지로부터 스스로를 해방해야 한다고 주장하며 〈탈자기 중심적 가치관〉을 수립한다.

여섯째, 생태학적 문화는 자연에 대한 지금까지의 도전적 태도를 〈화해의 태도〉로 전환시킨다. 자연은 인간에 의한 도전과 정복의 갈등적 대상이 아니라 인간과 공존·공생적 관계라는 사실을 새삼 깨달아야 한다는 것이다. 생태학적 세계관은 자연 속의 모든 존재의 내재적 가치와 존엄성을 인정하고, 따라서 자연에 대한 우리의 태도가 도전적이거나 약탈적인 것이 아니라 공생적이며 화해적이어야 한다고 믿는다. 여기서 화해한다는 것은 자연적으로 살아감을 뜻한다.

박이문 교수는 이러한 생태학적 문화가 동양의 불교사상 및 노장사상과 가까움을 강조하고 있으며 이러한 그의 생각을 뒷받침하고 있는 것으로 그의 저서 『노장사상』과 『자비의 윤리학』을 들 수 있다.

4.

마지막으로, 그러면 이러한 문명의 전환기를 살고 있는 한국인의 선택과 역할은 무엇인지 묻지 않을 수 없다.

이 물음에 대한 박이문 교수의 대답은 아직 명확하게 정리가 되지 않았다는 생각을 지울 수 없다. 〈생태학적 문화〉 〈자연 중심적 세계관〉이 서구의 〈인간 중심적 세계관〉에 바탕 한 〈과학 기술 문명〉에 대한 대안이라고 주장하고, 그 〈생태학적 문화〉가 동양의 불교문화 내지는 노장사상과 아주 가깝다는 것을 인정한다면, 그 두 문화의 틈새에 살고 있는 동양인 내지는 한국인의 선택과 결단은 어떤 것이어야 하는가? 박이문 교수는 두 마리의 토끼를 다 좇을 것을 제안한다.

싫든 좋든 한국은 〈지구촌〉 속에서 살아남기 위해 전통의 포기를 뜻하는 근대화 즉 서양화를 계속 추진해야 한다는 것이 박이문 교수의 생각이다. 과학적 사고와 기술이 인간을 지적으로, 물질적으로 그리고 정치 사회적으로 해방시켜주는 데 결정적인 역할을 하고 있다는 사실에 눈을 가릴 수 없기 때문이라는 것이다. 날이 갈수록 세계가 더 빨리 하나의 지구촌화해 간다는 사실을 짐작해 볼 때, 근대화는 피할 수 없을 뿐 아니라 절대적으로 필요하다. 문화는 고정된 화석이 아니라 살아 성장하고 부단히 변모한다. 보다 새롭고 우수한 남의 문화를 개방적으로 수용하여 그것을 자신의 문화에 접목하여 자양으로 삼을 때만 비로소 그 전통은 살아남고 보다 보편적 권위를 얻을 수 있다.
그러나 한국의 근대화 즉 서양화는 결코 맹목적이어서는 안 된다고 박이문 교수는 강조한다. 서양 문화의 장점에 눈 떠서 그것을 수입·모방·발전하는 데 성공한 우리는 현재 서양 문화의 한계, 근대화의 맹점을 조금씩 의식하게 되었다. 따라서 우리의 근대화, 즉 서양화는 선택적이어야 한다. 필요에 따라 과감히 남의 전통을 받아들이고 그곳에 접목하는 자존심과 지혜를 발휘해야 한다는 것이 박이문 교수의 생각이다.

보편적 이성으로 점검되지 않은 전통이 신기한 고물에 지나지 않는 것과 마찬가지로 개별적 전통에 뿌리박을 수 없는 이성은 공허한 구호에 지나지 않는다. 넓은 세계 속의 인간보다 좁은 한국인만을 고집할 때 자랑스러운 한국인이 될 수 없는 것과 마찬가지로 〈한국〉이라는 이름도 주소도 없는 추상적 세계인은 공허한 관념에 불과하다.(197)

박이문 교수의 저서를 다 읽고 났을 때 다음과 같은 난감한 이율배반적인 기분에 싸이게 되었음을 고백하지 않을 수 없다. 근대화의 대열에 끼어 〈지구촌 호〉라는 고속열차를 타기 위해서 우리는 과거의 우리의 자연 중심적 세계관을 버리고 〈과학 기술 문명〉의 건설에 동참하여야 한다. 이것을 박이문 교수는 선택의 여지가 없는 필연이라 했다. 그런데 과학 기술 문명이 어느 정도 궤도에 오르고 나면 그 다음 〈포스트-과학 기술 문명〉에로 넘어가기 위해 우리가 버렸던 자연 중심적인 〈생태학적 문화〉를 다시 주워 들고 그것을 21세기를 위한 지구촌의 대안적 문화로 발전시켜야 한다.

두 마리 토끼를 잡아야 할 당위성은 보여 주었지만, 어떻게 그 어려운 세기적 과제를 수행해야 할지는 해결되지 않은 숙제로서 독자에게 안겨 주고 글쓰기가 끝나버린 것이 못내 아쉬운 점이다. 박이문 교수와 같은 세계적인 석학에게 우리가 앞으로 기대하는 것은, 이 책 『문명의 위기와 문화의 전환』에서 총론적으로 설득력 있게 시사한 것을 이제는 그야말로 전문가적인 혜안과 통찰력으로 학술적인 각론으로 체계화시키고 학문화시켜 21세기를 위한 초석을 놓아주어 한국인의 자긍심을 높여 주는 것이리라.

이기상 교수의 서평 : 박이문, 『문명의 위기와 문화의 전환. 생태학적 세계관을 위하여』, 민음사 1996.

세 가지 잊지 못할 기억

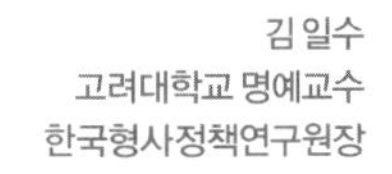

내가 서른 한 살의 늦깎이 독일 유학길에 올라 뮌헨에 체류하던 동안 친하게 지냈던 몇몇 사람들이 있다. 그 중 한 사람이 이기상 교수이다.

이기상 교수를 처음 소개받은 것은 1977년 10월 어느 날 학생식당 건물 앞 잔디밭가에서였다. 어학과정을 다니던 나는 그날 점심 식사를 마치고 나오다가 그곳에서 이기상 교수를 소개받았다. 서울에서 변호사를 하다가 유학 온 김일수라고 소개했는데도 이 교수와 나는 결례를 겨우 면할 만큼의 의례적인 인사밖에 나눌 수 없었다. 그는 다소 고고해 보였다. 마침 이 교수가 루우벵에 잠시 있다가 뮌헨으로 왔다기에, 그곳으로 유학 간 대학친구 박병원 군이 생각났다. 그를 혹시 루우벵에서 만난 적이 있느냐고 물었더니 그저 아는 사이인데 그는 그곳을 거쳐 미국으로 공부하러 떠났다는 것이다. 정말 정겨운 맛이 전혀 없어 보이는 이기상 교수와 첫 만남은 그렇게 몇 마디 주고받으면서 짧게 끝났다.

그리고 한 달이 더 지났을까? 어느 날 학생식당에 앉아있는 내게 이기상 교수가 불쑥 나타났다. 그리고는 전에 보지 못했던 반가운 얼굴로 내 손을 잡더니 "김 형, 알고 보니 좋은 사람입디다."라고 말하는 것이었다. 어리벙벙해 하는 내게 그는 자초지종을 설명했다. 처음 나를 만났을 때, 변호사를 그만 두고 유학을 왔다는 그 특이한 사정이 이해가 잘 안되었

벨지움 유학시절, 74년 경

고, 혹시 국정원의 프락치 가 아닌가하는 의심까지 들었었다는 것이다. 그래서 미국에 가 있는 박병원(인하대학교 정치학과 교수) 군에게 편지를 내어 너를 안다는 김일수가 뮌헨에 나타났는데 대체 어떤 사람이냐고 물었더니, 내용인즉 괜찮은 놈이라는 답장이 최근 당도했다는 것이다. 그 후 우리는 서로 괜찮은 놈이라는 인상을 마음속에 숨긴 채 점점 가까워졌고, 유학생활의 긴 여정을 함께 친구삼고 걸어갈 수 있었다.

뮌헨에서 맞는 첫 번째 겨울 그리고 첫 번째 크리스마스는 왠지 내게 외로움을 더 느끼게 해 주었다. 그러던 어느 날 저녁 이기상 교수가 내가 머물던 학생기숙사 요하네스 콜레게Johannes Kollege로 찾아와 그곳에 머물던 몇몇 유학생들을 불러 모았다. 지하실 휴식공간에 마련한 자리에는 죠니워커 1병과 한국과 똑같은 모양의 큰문어회 1접시 그리고 초고추장이 펼쳐져 있었다. 이 교수의 부인이 특별히 준비해

가운데는 지도교수 G. 헤프너, 맨 오른쪽이 이기상 교수

뮌헨 국제정원 전시회에서 두 아들과 함께, 1983년 여름

로텐부르크에서 가족과 함께, 81년 9월

준 정성이었다. 나는 참 오랜만에 고향의 정취에 듬뿍 젖어, 처음으로 유학생활에서 누적된 심리적 피곤 감을 털어 낼 수 있었다. 따뜻하고 잔잔한 다정다감을 나는 새롭게 이 교수의 마음속에서 읽을 수 있었다.

그 후 얼마가 또 지났을까? 해가 바뀌고 나에게도 어학과정이 끝나 본격적인 공부가 시작된 뒤의 일이다. 오토바이를 타고 다니던 이기상 교수가 처음으로 독일제 승용차를 하나 샀다는 것이다.

그는 시승 기념으로 나와 그리고 같은 동갑내기인 이승희(국방대학원 교수) 셋이서 Würzburg를 거쳐 보존상태가 양호한 몇몇 안 되는 독일 중세 도시인 로텐부르크Rothenburg까지 가서 구경하고 오자고 제안했다. 우리는 5월 어느 화창한 주말, 이기상 교수의 멋진 승용차에 몸을 싣고 먼 바깥 세상 구경을 떠났다. 로텐부르크에 도착해 보니 골목길에 깔려있는 돌들은 오랜 세월 지나다닌 발길에 갈고 닦이어 보석처럼 윤기가 나고 있었다. 그리 크지 않은 교회당 건물의 바깥 외벽의 돌들은 오랜 풍상을 겪으면서 풍화작용에 시달려 반쯤 흙으로 돌아가는 모습을 보여주고 있었다. 시내 곳곳을 신비스런 눈으로 누비던 내게 범죄박물관이 다가왔다. 형벌론을 공부하던 내게 이 범죄박물관은 경이와 충격, 감사와 감격을 폭포수처럼 안겨주는 별유천지였다. 추상적으로만 느껴졌던 형벌제도가 현실적인 삶의 일부로 느껴지는 곳이기도 했고, 아득하게 보이던 학위논문제목의 윤곽이 확실히 그려지는 곳이기도 했다. 이 교수의 안내를 받아 첫발을

나를 감동시킨 그 말 한마디

과거를 기억하지 않는 사람은 그 과거를 다시 경험하도록 단죄 받는다. -죠지 산타야나

이기상(한국외국어대학교 철학과)

독일의 뮌헨 근교에 다하우(Dachau)라는 조그만 마을이 있다. 이 마을에는 주민들로서는 그리 반갑지 않은 관광명소가 하나 있는데, 나치 시대의 포로수용소를 복원해서 관리하는 박물관이 그것이다. 나는 뮌헨에 십 년을 살면서 그곳을 자주 방문하였다. 주로 로마관광을 마치고 온 친지들을 구경시키기 위해서였다. 유럽을 찾는 사람들에게 주는 관광 팁의 첫째는 로마는 제일 마지막에 보라는 권고다. 로마에 인간이 이루어놓을 수 있는 그 모든 장대함이 다 한자리에 모여 있기 때문이다. 로마를 보고 다른 도시를 보면 실망하게 되니까 로마는 아껴 두었다 맨 마지막에 보라는 친절한 안내의 말이다. 뮌헨도 아름다운 도시임에 틀림없다. 세계의 문화도시임을 표어로 내세우며 수많은 관광객을 유치하고 있음도 사실이다.

그러나 로마를 보고 감탄한 사람들에게 뮌헨은 더 이상의 놀랄 거리를 제공하지 못한다. 그래서 나는 로마를 본 사람이 유럽에서 볼 만한 곳은 두 군데라고 충고한다. 하나는 알프스이고 다른 하나는 다하우이든 아우슈비츠이든 포로수용소라고. 인간이 이루어놓은

로마의 회색빛 창조물들을 보고 나서 알프스에 가 신이 빚어놓은 자연의 장관을 보라! 인간이 만들어놓았다는 것이 얼마나 숨통을 죄어오는 생명이 없는 인위적 가건물들인지를 새삼 깨닫게 된다. 로마를 보고 인류가 이룩해놓은 문명에 어깨가 으쓱해질 인간들에게 포로수용소는 그 반대의 극단을 우리에게 보여준다. 인간이 얼마나 잔인할 수 있는지, 문화인임을 자처하는 인간이 어디까지 갈 수 있는지를 적나라하게 고발한다.

다하우 포로수용소는 예전의 본부 건물을 복원해서 박물관으로 일반인에게 공개하고 있다. 거기에는 독일인들이 포로를 고문하며 쓰던 도구들을 전시하여 나치의 등장과 유대인 학살의 실상을 사진으로 공개하고 있다. 이 전시장에서 나에게 가장 강렬한 인상을 주었던 것은 두 개의 문구였다. 하나는 서적들을 태우는 장면을 기록한 사진 밑에 쓰여 있는 하이네의 말이었다.

책을 태우는 곳에서 인간을 태우는 전조를 볼 수 있다.

나치 독일은 책을 태우는 것으로 시작해서 결국 사람들을 태웠으니 하이네의 예언은 적중했던 것이다. 다른 하나는 그 전시관을 빠져 나오는 출구 위에 걸려 있는 산타야나의 다음과 같은 말이다.

과거를 기억하지 않는 사람은 그 과거를 다시 경험하도록 단죄 받는다.

인류가 저지른 만행을 잊지 말고 기억하여 다시는 그런 일이 일어나지 않도록 우리 모두 조심하자는 경종의 말을 전시관 방문을 마치고 일상의 세계에로 돌아가는 모든 사람들에게 들려주고 있는 것이다.

이기상, 「과거를 기억하지 않는 사람은 그 과거를 다시 경험하도록 단죄받는다」,
『노나메기』(창간호), 2000년 봄.

디뎠던 로텐부르크 범죄박물관을 나는 학위논문을 완성하기까지 혼자 두 번이나 더 다녀왔던 사실만 보아도 이곳으로의 그의 안내가 내게 얼마나 유익하고 고마운 일이었는지를 짐작할 수 있을 것이다.

마지막 추억은 이기상 교수의 안내로 이 교수가 공부하던 가톨릭철학대학에서 한 한기동안 그와 함께 철학공부를 한 일이다. 이 교수가 어느 해 여름학기에 J. B. Lotz교수가 진행하는 하이데거에 관한 하우푸트세미나Hauptseminar/주主 세미나를 소개해 주었다. 하이데거의 휴머니즘에 관한 편지Humanismusbrief에 관한 세미나였고, 자신이 그 세미나에서 발표도 할 예정이라는 것이었다. 대학 때 최재희 선생이 번역한 인문주의자의 편지라는 책을 접해본 나는 관심에 끌려서 한 학기동안 빠짐없이 그 세미나에 참석했다. 그곳에서 나는 하이데거에 관한 일반적인 편견을 걷어내는 치열한 철학적 사고를 접할 수 있었다. 그리고 언제인가는 이 교수에게 그때 진 글빚을 갚으리라고 공언까지 한 바 있었다.

세월이 지나 우리는 각자 다른 전공분야에서 배우고 가르치는 일에 열중해 왔다. 나는 작년 8월말에 정년 했고, 동갑내기 이 교수는 금년 2월말에 정년을 앞두고 있다. 늘 단아하고 청순했던 그와의 우정은 세월이 흐를수록 더욱 귀하게 느껴진다. 이 교수를 친구로 만나게 해주신 우리 하나님의 섭리에 감사할 뿐이다.

오 세영
화백

그대 곁에 서서

성직자 같은 학자 이기상 교수님의 풍모

내가 이기상 교수님을 현세에서 처음 만났고 안 만났고 하는 게 뜻이 있는 게 아니다. 우리에겐 생전에 이미 어떤 인연으로 얽혀 있는 뜻 깊은 사연이 있지 않았나 싶다. 나는 1999년 한국을 떠나기에 앞서 예술의 전당 한가람 홀을 빌려 나의 회화繪畫 50년 전을 준비하느라 몹시 바빴고 드디어 개막을 했다. 나의 전시실 옆방에서는 오승우 화백의 작품 전시가 펼쳐지고 있었다. 나는 1000호 짜리 그림을 '과거', '현재', '미래'라는 제목 아래 전시하고 있었다. 그 후 나는 숭실대학교 교양학부를 떠나려고 주변을 정리하고 있었다. 숭실대 앞에 스튜디오[화방]를 꾸며 조용히 작업을 하고 있었다. 그때 어느 날 홀연히 이기상 교수님 내외가 날 찾아왔다. 첫인상은 무척이나 밝았다. 몸에서 빛이 나는 듯한 신선한 분으로서 용모나 그 풍채가 세속 사람이 아닌 어느 외계에서 온 분 같은 인상을 주었다. 목소리는 아주 단아하고 조용하며 낮은 목소리로서 그 모습에서 성직자와 같은 인상을 풍겼다. 두 내외분이 나를 찾아온 목적은 〈우리말로 학문하기〉라는 순수 학문단체를 만드는 데 도와달라고 요청하기 위해서였다. 주로 대학 강단에서 인문학을 하시는 교수님들의 모임인 것 같았다. 그때 두 분은 참으로 맑고 선명한 눈으로 나를 바라보며 부탁하였다. 그때 받은 인상을 지금까지 잊을 수 없다.

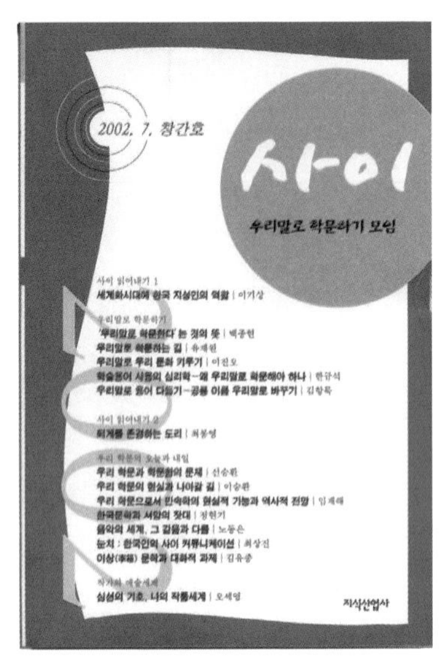

잡지『사이』창간, 2002.

그 뒤 나는 〈우리말로 학문하기 모임〉 창립 멤버로서 참여하여 '부회장'이라는 과분한 직책을 맡게 되었다. 나는 그때 서울대학교 철학과 교수님을 비롯하여 고대, 연대, 각 대학의 인문학 교수님들 틈에서 열심히 공부하였다. 가끔 여러 분야의 교수들도 초대하여 발표회를 가졌는데, 그때 나는 소품이지만 내 작품을 각 교수들에게 나누어 드렸다. 그때의 나의 심정이 여러 가지로 회상이 된다. 내 작품을 받은 교수님들도 나와 같이 고마워하는 분위기였다. 내가 접한 우리말로 학문하기 모임의 〈사이〉 잡지의 전반적인 분위기는 오늘을 사는 지성인들의 조용한 외침 그 자체였다. 나는 다시없는 소중한 기회를 가지게 되었다. 나는 어떻게 하든 이 학회가 대한민국 인문학의 최첨단의 길을 열어가길 기원하였다. 우린 그때 이기상 회장님을 모시고 전국 대학을 심방하면서 그때마다 출연 강사진을 구성하여 그야말로 지도교수와 제자들이 함께 하는 〈우리말로 학문하기〉 운동의 맨 앞에 우뚝 설 수 있었다.

나는 열심히 조용히 뒷바라지를 하면서 우학모[우리말로 학문하기 모임의 약칭]의 심벌마크를 디자인했다. 또한 우학모 임원체계도 만들었다. 그리고 전단지도 인쇄하였다. 나중에 나는 한서대 디자인 연구소장으로 있으면서 서울 명동에 있는 연구소의 방 한 칸을 이기상 회장님 방으로 꾸며 사용하게 하였다. 이 회장님은 그때 무척 기분 좋아 하셨다. 그리고 지식산업사 이경희 사장님도 자주 들리셨다. 우리는 우학모의 임원들에게 직분에 따라 임명장도 만들어 배포하였다. 이기상 교수님은 늘 조용하고 단아한 목소리로 한국의 인문학 경시풍조를 지탄하셨다. 극도로 산업화한 사회에서 오로지 취업에만 도움이 되는 학문만이 인기를 끄는 비극적인 사회를 개탄하셨다.

오세영 화백께서 만들어 주신 우학모 로고

이기상 회장님은 동안[어린아이 같은 얼굴 모습] 속에 늘 환한 웃음을 띠고 계셨다. 그리고 늘 입버릇처럼 〈사이〉라는 단어를 입에 올리셨는데 아마도 그 낱말에 굉장한 매력을 느끼시는 모양이었다. 영어로 an

interval, a space, between space, intervals gaps, distance 등 '사이'란 단어는 그 의미가 그때그때마다 상당히 달라진다. Space공간로 회화적 측면으로 보면 한 면과 면의 간격을 '사이'로 보는 것이다. 시간적으로 보면 '사이'란 의미는 interval time, leisure spare time, odd moments, 쉬는 사이 등의 의미가 있다. 또 전혀 시간과 상관없이 '관계'의 상황으로 보면 relation(ship), 사귀는 relations term으로 '아버지와 자식 사이', the relation of 'Between' father and son, 또 그 사람과는 어떤 '사이'인가? What relation is he to you on? How are you to him? 또 그들은 서로 '사이'가 좋지 않다. They do not get on well with each other. 그렇다 보니 '사이'는 형이상학적 관점에서 볼 때 실로 상당한 의미를 가진 어휘인 것만은 틀림이 없다.

이기상 회장님은 하루 종일 혼자말로 '사이'란 말을 정말로 심각하게 사색하고 음미하시는 듯싶었다. 이회장님은 가끔 '사이'란 생각하면 할수록 매력 있는 단어라고 말하였다. 사색의 넓은 영역을 차지하고 있다고 말한다. 나는 이기상 회장 곁에서 〈사이〉란 잡지에 실린 창간글의 깊은 뜻을 더욱 의미 깊게 이해하게 되었다. 〈사이〉지의 발간은 실로 이기상 회장님이 꿈꾸어 왔던 가장 큰 핵심어의 탄생이었다.

그 뒤에 나는 〈시인 황금찬〉과 시화전詩畵展을 서울 프레스 센터에서 가졌고 이어서, 나와 동명이인(同名異人)인 오세영吳世英[서울대 국문학 교수]과 인사 아트 갤러리에서 또 한 번 시화전을 가졌다. 이회장님이 그때마다 오서서 여러 관객들에게 조용하고 단아한 목소리로 〈우리말로 학문하기〉에 대하여 연설해주신 것이 기억난다. 그 뒤로도 이회장님은 우학모 그룹을 인내력을 가지고 꾸준히 이끌어 오셨다. 여러 대학의 인문학 진흥을 위하여 잠재된 심오한 학문의 바탕으로 소리 없이 지원을 아끼지 않으셨다. 그런 와중에서도 수많은 철학분야의 저술과 입문서 등등을 발간해 내셨다. 지금도 대형서점에 가면 이기상 교수 저술의 철학저서들이 입문서로서 서가를 장식하고 있다. 그의 철학개론서들은 알기 쉽게 철학의 영역을 탐구해 나가게 하는 길잡이 역할을 하고 있다.

지금 우리나라는 급변하는 고도의 산업사회에서 자칫 물질만능의 유물론적 사고에 빠지기 쉽다. 기능위주의 사회로 변질되어가고 있어 지성이 메말라 가는 황폐화 현상에 휩쓸리기 쉽다. 정신문화의 근간이 되는 인문학을 경시하는 풍조는 이 사회 정신문화의 황폐화 현상을 더욱 부추기기 십상이다. 이런 때에 이기상 교수님이 이런 병폐의 사회에 던지는 건전한 철학사상이야말로 날로 살벌해가는 한국의 산업사회에 던지는 값지고 소중한 정신적 자산일 것이다. 실로 깊은 산에 흐르는 계곡의 물줄기처럼 소리 없이 흐르는 그의 정신세계의 맥박이 이 시대를 살아가는 우리 모두에게 더할 나위 없이 소중하고 귀한 [정신세계의] 청정제가 아닐 수 없다. 나는 최근 병마와 싸워 이기고 다시 돌아온 청년 이기상 교수님의 건강한 모습을 보고 속으로 얼마나 기뻤는지 모른다. 그래서 내가 아끼던 작품을 서슴없이 선사했다. 나의 작품을 받는 이회장님의 표정은 유달리 밝아보였다. 요즘도 나는 가끔씩 이 교수님이 저술하신 『철학노트』를 들여다보며 내 정신의 밭에 비료를 뿌린다.

▸ 한국외국어대학교 > 동료의 글

오세영 화백의 그림

1. 달처럼

이기상 선생님은 내가 1988년 3월 외대 철학과 교수로 부임하면서부터 지금까지 가장 오랫동안 함께 근무한 분이시다.

박 정근
한국외국어대학교
철학과 교수

달처럼 소년처럼

만 24년, 결코 짧지 않은 세월이다.

그동안 이런저런 일이 없지 않았지만 그 사이에 선생님께서나 나나 모두 부모님을 여의었고 또 자식들을 출가시키고 했으니 세월이 가긴 갔나보다.

나도 이제 정년을 코앞에 두고 있어서 선생님의 퇴임이 새삼스럽지는 않지만 그래도 허전하고 섭섭함을 막을 수가 없다.

선생님이 큰 수술을 받으시기 전 그야말로 팔팔하던 40대 때는 술, 특히 맥주를 참 자주 그리고 많이 마셨다. 우리 학과 선생님들이 모두 술을 잘하시는 편이지만 맥주에 관한 한 선생님은 타의 추종을 불허하셨다. 사실 맥주의 양으로는 선생님보다 내가 더 많이 마시지 않나 하는 생각도 몇 번 해보았는데 아무도 수긍하지 않아 그런 생각은 일찍이 접어버렸다. 어쨌든 나는 술을 급히 마시고 또 취하는 편이라면 선생님은 시종일관 취기도 보이지 않으시고 변함없이 잔을 슬슬 비우셔서 마치 술을 안 하시는 듯이 그렇게 한량없이 드셨다.

이제 지나간 시간을 일부러 되돌아보아도 선생님과의 사이에 별다른 이야기 거리를 찾지 못하겠는 것을 보면 선생님이나 나나 참 무던한 사람인가 보다. 선생님과 유별나게 즐거웠다거나 신이 났다거나 했던 일은 물론 언쟁을 벌였던 일도 없고, 얼굴 한 번 붉힌 일조차 기억에 없다. 그리고 보니 선생님은 참 담백한 분이시다.

"달!

우리는 아무렇지도 않게 달을 본다. 달을 한 번도 못 본 사람이 있을까? 그런데 정말 달을 보기는 보는 것인지? 사실, 우리가 보는 달은 초승달·상현달·보름달·하현달 등등, 커가는 달이거나 이지러지는 '어떤 달'이지 결코 그냥 '달'이 아니다. 그럼에도 우리는 그냥 달을 본다고 한다. 그렇게 무심히 달을 지나치다보면 달이 가고 새 달이 온다. 그렇게 열 두 달이 지나면 새해가 온다. 하루하루 변하는 달을 보면서도 저 달의 '제 모양'이 어떨지는 아예 묻지도 않는다. 뜨고 지는 달을 보면서, 저 달의 '제 자리'는 어디일까 하고 묻지도 않는다. 왜냐하면 따로 궁금해할만한 것이 없다고 여기기 때문이다.

그러면서 달은 어디에도 머물지 않지만 늘 제 자리에 있고, 끊임없이 변하지만 늘 제 모양이라는 이 기막힌 사실을 아무런 일도 아니라는 듯이 지나쳐버린다."

아마 내게 있어서 선생님은 달처럼 그런 분이셨나 보다. 새해가 스물하고도 네 번이나 바뀌는 동안, 늘 제 자리에서 제 모습을 지녀오셨다! 그렇게 담백한 분이시다. 그래 오셨듯이 앞으로도 '늘 그 제 모습'이 아니시겠는가?

새교육 새사람

하이데거 철학의 대가

이 상 교수

존재의 진리를 찾아, 하이데거를 넘어

글 유병국(자유기고가) 사진 민원기(자유기고가)

"교육자는 두 가지 차원에서 일을 해야 한다고 생각합니다. 자기 전문성을 최대한 살려 자신의 분야에서 학문적인 성취를 이룰 수 있는 모습을 보여야 하고, 자신의 전공을 사회에 환원시켜 생활 속에 뿌리를 내릴 수 있도록 계몽에 힘써야 합니다."

4 새교육 98년 6월호

2. 소년처럼

선생님께 대한 또 하나의 느낌은 소년 같다는 것이다. 삶과 학문에 대한 관심과 열정, 특히 새로운 면에 대한 열정을 열 살 먹은 소년처럼 늘 싱싱하게 뿜어내신다. 언젠가 어느 학생의 글을 나무라실 때 보았던 선생님의 모습이 선명하다. 선생님의 뽀얀 두 뺨이 빨갛게 변하도록 상기되셔서 꾸지람을 하셨는데 정말 소년 같은 담백함과 소년다운 순수한 열정이 아니면 보일 수 없는 모습이었다.

"무지개 쫓아다니던 시절!

갑자기 쏟아지는 소낙비에 물에 빠진 생쥐 꼴이 된 우리들 앞에, 바로 코앞에 무지개가 걸렸다. 무지개가 뿌리 내린 곳에 보물 상자가 묻혀있다는 동화 속의 얘기를 떠올린 우리들은 무지개 끝을 향해 날다시피 달렸다. 효창공원을 반쯤이나 가로질렀는데도 무지개는 여전히 코 앞 그 자리에, 숨을 한번 고르고 또 뛰었다.

그래도 무지개는 여전히 그 자리, 코앞에!

뭔가 집히며 우리는 데굴데굴 구르며 웃었다. 웃고 또 웃고. 배가 아파 배를 움켜잡고 웃고 또 웃고…"

"무지개가 피어오른 저 산 너머는 어떤 세상이고, 누가 살까?"

나는 지금도 내게 소년 같은 어떤 모습이 여전히 남아있다고 여긴다.

그리고 자라오면서 미지의 세계에 대한 소년 같은 호기심과 따듯한 눈길을 잃지 않고 그런대로 잘 지녀온 것을 참 고마워한다. 그런데 선생님에게서 새삼스럽게 소년다움이 느껴지는 것을 보면 아마 나는 잃어버렸는지 모르는 어떤 것들을 선생님은 더 많이 간직하고 계신가 보다. 특히 새로운 것에 대한 열정적 탐구가 그런 것 같다. 선생님의 학문적 성취나 삶에서 그런 것들이 묻어난다.

언제인가 어느 모임에 간 일이 있다. 어딘지 익숙한듯하면서도 낯선 사람이 있었다. 석사반이나 박사반 학생이겠지 하고 생각했는데 막상 대면하고 보니 이기상 선생님이 아니신가! 정말 한 30년은 세월을 거슬러 올라간듯한 모습이, 조금은 당황스럽기도 했지만 참 보기가 좋았다. 그리고 조금은 쑥스러워 하시는듯하면서도 스스로 즐거워하시는 선생님의 모습이 그대로 소년이었다.

"老玩童라오완퉁"

중국 무협소설에서 江湖강호의 대선배로 등장하는 주인공 중 한 인물을 칭하는 별호인데, 말 그대로 "나이 먹은 장난꾸러기(소년)"이다.

여름날 시골 개울에서 놀고 있는 장난꾸러기들이 보인다. 한 "老玩童라오완퉁"은 발가벗고 개울물에서 첨벙대고 있고, 다른 한 "老玩童라오완퉁"은 한 손에 책을 들고 물끄러미 바라보다가 "아유, 저 철부지~" 하며 웃는다. 더 어린 꾸러기들의 물장구에 책과 옷이 젖어도 자리를 뜨지 않는다.

세월이 그렇게 이렇게 흐른다!

선생님 그리고 우리들에게 즐겁고 편안한 어린 시절과 같은 날들이 이어가기를 빈다!

강연문

'인생은 한 편의 연극이다'라는 얘기 많이 들어보셨죠? 어떤 극장에서 연극을 하는데 그 연극의 제목이 「당신」 이었다고 합니다. 그래서 그 연극을 구경하러 간 사람이 극장 안으로 들어가면서 안내원에게 '주인공이 누구입니까?' 하니까 그 안내원이 하는 말이 '바로 당신입니다' 하더랍니다. 연극 구경 간 사람은 연극제목이 「당신」 인 줄 알았는데 연극 구경 온 사람 자신이 주인공이라는 안내원의 말에 깜짝 놀라며 '바로 제가 주인공이라는 말씀입니까? 아, 그렇다면 미리 알려 주셨어 야죠, 연습을 전혀 못했습니다' 라고 말했습니다. 이에 안내원은 다시 '이 연극에는 연습이라는 게 없습니다' 라고 하자 구경 간 사람이 '그렇다면 중간에 퇴장 명령도 받나요?' 라고 물었습니다. 안내원은 '잘못하면은 중간에 퇴장명령도 받습니다' 구경 간 사람은 '그 퇴장명령은 누가 하나요?' 라고 물었습니다. 안내원의 말이 '하느님이십니다' 라고 말해 주었습니다. 그래서 그 구경 간 주인공은 얼떨결에 무대에 서서 「당신」 이라는 연극을 하는데 그 첫 장면이 바로 앙! 하고 울면서 태어나는 장면이었습니다.

이상은 동화작가 정채봉의 「느낌표를 찾아서」 에 나오는 이야기입니다

이기상, 「삶과 직업의 의미」, 신세계 신입사원교육 강연, 2000. 8. 24.

이 선생님!

늘 건강하십시오.

윤 성우
한국외국어대학교
철학과 교수

이 기상 교수님께 부치는 편지

"윤군, 자네는 "논문"이 뭐라고 생각하나?"

이 말씀은 이기상 선생님께서 저의 석사학위 논문 심사를 할 당시 선생님의 차례가 되어 하신 말씀입니다. 허술하고 어설픈 논문에 대한 고공비행식의 멋진 일격이 아닐 수 없었습니다. 물론 그 당시에는 힘들고 아픈 말이었지만, 그 말씀이 남긴 여운과 메아리는 지금까지 저의 공부 여정에 늘 살아 있었습니다. 선생님의 퇴임을 맞이하여 회고하여 보건데, 선생님이 늘 보이신 학문적 열정과, 그 어디에도 아랑곳 하지 않으셨던 고고함과 새로운 문제 상황에 따른 학문적 변신은 후학인 저에게 큰 귀감입니다. 저는 외람되게도 그 귀감의 내용을 아래 세 가지로 생각해 보았습니다.

1. 하이데거 철학에 대한 탁월한 전문성.
2. 『존재와 시간』의 우리말 번역으로 대표되는
   서양 철학의 소개와 보급을 위한 여러 번역물의 생산.

3. 한국 사유와 문화 전통에 대한 천착.

물론 첫 번째와 두 번째 사항은 선생님의 학문적 행로에서 거의 분리되지 않고 동행해 왔던 것 같습니다. 제가 철학과 대학원에서 선생님의 하이데거 세미나를 들을 때 늘 선생님의 수업을 듣고자 일부러 찾아왔던 다교생들과 연구자들이 함께 기억이 납니다. 맡은 발표에 대한 준비가 부족한 학생들에 대한 추상같은 불호령과 질책은 우리들의 나태함을 깨닫게 했습니다. 또 하이데거 관련하여 선생님의 석·박사 학위 논문들이 우리말로 출간되었을 때 이를 본 많은 이들이 과연 우리도 학위논문을 출간하여 저렇게 책으로 만들 수 있을까 하는 이야기를 나눈 적이 있습니다. 방학마다 이루어진 하이데거 원전 독회 모임을 통해서도 선생님의 탁월한 전문성과 능력이 한껏 발휘되었음은 널리 알려진 사실입니다.

『존재와 시간』의 우리말 번역을 둘러싼 적지 않은 에피소드와 무관하게, 그 번역은 한국에서의 하이데거 철학에 대한 보다 정확한 이해와 논의를 위한 가장 의미 있는 진전이라는 평가에 많은 이들이 동감할 것입니다. 아울러 출간된 『존재와 시간』 용어 해설집도 철학 외 비전공자들이나 철학 입문자들에게는, 원전의 바다에서 지표의 역할을 하는 등대와 같은 것으로 받아들여졌습니다. 이외에도 선생님께서는 적지 않은 하이데거 원전의 번역과 주석서의 번역에 정성과 시간을 쏟아, 후학들이 선생님 자신이 겪은 시행착오를 덜 하도록 참으로 큰 애를 썼던 것도 사실입니다.

자기 전공 분야에 대한 높은 장악력과 해박함 그리고 이를 우리말로 번역하여 후학과 대중과 함께 이해하고 공감하려는 선배 철학자로서의 각고

이기상 교수가 결단과 전회를 말할 때 보기로 자주 들었던 바울의 그림

의 노력이야말로 철학을 (시작)하는 사람뿐만 아니라 학문 일반을 수행하는 모든 이들이 이기상 선생님께 본받고 따라야 할 요소라고 판단됩니다.

마지막으로 선생님의 지적 행로에서는 어떤 "전회"가 일어나는 듯합니다. 이것이 선생님이 수행하신 이전의 학문적 작업과 어떤 인식론적인 불연속 또는 단절인지 아닌지를 판단하거나 평가하는 것은 저의 몫이 아닙니다. 선생님을 보다 가까이에서 학문적으로 보좌하고 동행하시는 여러 다른 선생님들이 평가할 것이라고 봅니다. 바로 한국 사유와 문화 전통에 대한 성찰과 발굴과 그 계승입니다. 선생님이 스스로 자신의 "눈깔"로 철학하시고자 하는 가장 유의미한 변화이자 진보라고 말할 수 있을 것 같습니다. 전공에 대한 뛰어난 전문성을 보이는 한국의 철학도는 많습니다. 그리고 이와 함께 번역에 대한 가치부여와 이를 통해 서양 것의 자기화 작업을 시도하는 철학자는 많지는 않지만, 더러 있어 희귀하지는 않습니다. 그러나 이를 넘어서 우리 고유의 인문학적 지평을 확장하는 여러 새로운 학문적 시도와 도전을 하는 선생님 같은 철학자는 아주 드뭅니다. "우리말로 학문하기" 활동과 함석헌 선생님이나 유영모 선생님의 사상과 삶의 자세에 대한 연구과 성찰은 이런 창의적이고 고유한 선생님의 작업을 반영한 것이라고 보입니다.

물론 비평과 창작 사이에 있는 해석학적 순환을 모르지 않습니다만, 셰익스피어를 비평하는 것이 한 편의 연극을 창작하는 것보다 훨씬 용이합니다. 마찬가지로, 선생님의 작업을 비판하거나 비평하는 작업은 선생님의 발자취를 따라 새롭게 뭔가를 도전하는 일보다 쉬운 일일지도 모릅니다. 적어도 선생님은 선생님의 분야에서 넘어설 수 없는 분이라고 단언하기는 아직 이를 수 있으나, 피해 나갈 수 없는 분이라는 점에서는 모두가 공감하리라 봅니다.

부디 늘 건강하셔서 후학들의 학문적 행로에 늘 고귀한 이데아가 되어주십시오.

선생님의 덕을 학문적으로 기리다보니 너무 진지해졌나 봅니다. 저는 아직도 선생님의 석촌동 2층 집을 처음 방문했을 때, 책이 빼곡히 들어찬 2층의 여닫이 서재들, 아래층 화장실에서 발견한 각 식구들의 이름이 새겨진 4장의 수건들, 맥주 자체보다 진중하고 무겁게 느껴진 주석잔, 이제는 고인이 되신 사모님이 차려주신 정통 유럽식 스파게티를 잊을 수 없습니다.

앞으로는 "윤군, 자네는 "논문"이 뭐라고 생각하나?"라고 진지하게 꾸짖어 줄 선생님 같은 분을 만나지 못하게 될까봐 두렵고 너무나 아쉽습니다. 배움에서나 생활에서나 푯대가 되어주신 선생님, 감사합니다.

늘 건강하십시오.

윤 성 우 올림

이기상 교수님께서 정년퇴임을 하신다. 퇴임을 하시는 선생님을 생각하면서 선생님에 대한 추억과 가르침을 되새겨보게 된다. 선생님께는 학부 과정에서 2개 학기 동안 수업을 수강하고, 대학원 박사과정에서 3개

김 원명
한국외국어대학교
철학과 교수

학기의 세미나를 수강하였다. 학부 과정에서는 입대 전 2학년 1학기에 〈형이상학〉, 제대 후 2학년 2학기에 〈현대철학사조〉 수업을 들었다. 그리고 박사과정의 3개 학기 세미나와 방중의 공부 모임에서 하이데거의 저술 강독을 하면서 프로토콜 발표도 하고 선생님 강의도 들으면서 하이데거의 철학을 배웠다. 이 밖에 수업은 아니지만 무엇보다 기억에 많이 남는 것은 매년 초에 갖는 신년하례 모임이다. 이 가운데 몇 가지 일화를 소개하고 그 속에서 나름의 감상과 회고로 선생님의 정년퇴임을 축하드리고자 한다.

〈형이상학〉 시간의 사자후, "네 눈깔을 가져라!"

이기상 선생님의 정년퇴임, 당신을 그립니다

지금은 신년하례식을 철학과에서 철학과 교·강사 선생님들과 대학원생들이 한꺼번에 한 자리에 모여서 한국외국어대학교 교수회관의 귀빈식당에서 하지만, 내가 대학원을 다니는 동안에는 학생들이 신년인사를 올리러 선생님들을 찾아뵈었다. 그 가운데 이기상 선생님 댁에 신년인사를 올리러 가는 것은 철학과 대학원생들에게는 큰 설렘과 즐거움을 주는 일이었다. 너무 많은 대학원생들이 모여서 신년 인사를 가서 조를 나누

어 이틀에 걸쳐 인사를 가야했다. 아마도 80~90년대 한국외국어대학교 철학과 대학원을 다닌 분들 모두에게는 아주 인상적인 신년인사 모임이었을 것이다. 당시 이틀에 걸쳐 선생님 댁에서 신년 인사 모임을 하신 분은 이기상 선생님뿐이셨을 것이다. 대학원생들이 매년 초마다 이틀에 걸쳐 인사를 올리러 가는 것은 선생님과 사모님께 아주 번거로운 일이셨을 텐데, 기꺼이 선생님과 사모님께서 학생들을 위하여 많은 음식들과 와인 등을 준비하셨고, 모든 대학원생들이 기대하는 선생님 댁 방문이 되도록 하여 주셨다. 선생님과 사모님의 사랑과 정성을 지금도 잊을 수가 없다. 그때의 선생님과 사모님의 정성과 제자들을 향한 사랑을 생각하면 지금도 가슴이 뭉클하다. 현재의 나 자신을 돌이켜 보면 정말 따라 하기도 힘든 일이다.

시간을 더 거슬러 올라가 1990년 학부 과정에서 처음 듣던 〈형이상학〉 시간이었을 것이다. 형이상학에 대한 가르침 보다 기억에 많이 남는 것은 "네 눈깔을 가져라!" "썩은 **눈깔을 하지 마라!"라는 선생님의 말씀이다. 선사의 사자후와 같은 파격적인 이 말이 학부 시절 이기상 교수님께 들었던 말씀 중 가장 강하게 남는 메아리다. 나는 대학 전공과목 강의실에서, 선사가 사자후를 하듯 학생들을 향해 포효하는 듯한 철학과 교수님 모습은 상상하지 못했다. 당시 새내기 티를 막 벗은 푸릇푸릇한 새내기인 필자가 1990년 봄 학기 2학년 〈형이상학〉 강의 시간에 들은 '자기 눈깔을 가지라'는 메시지는 오늘까지 필자를 돌이켜보게 하는 소리 중 하나이다. 이기상 교수님의 〈형이상학〉 과목을 수강신청하며 '존재를 둘러싼 거인들의 싸움'에 대한 강의를 기대했으나, '제 눈깔'에 대한 화두話頭가 기대

밖에서 내 가슴 속으로 들어왔다. 이 메시지는 내게 의미가 깊었다. 그것을 다음의 세 가지로 요약해 보면서 선생님을 그리면서 기리고자 한다.

첫째, 일상어로의 철학함이다. 당시 대부분의 철학 책은 아주 어려운 철학 전문용어들과 길고 복잡한 문장들로 이루어진 책들이 대부분이었던 걸로 기억된다. 그런데 선생님은 그런 어려운 말들로 이루어진 철학 이론들을 쉬운 현대말로 고쳐서 강의를 하려고 노력하셨다. 그러나 여전히 낯선 선생님의 말들, 번역어들은 시간이 지나면서 일상어적이 되기도 하는 걸 느꼈다. 예를 들어 '다자인Da-sein'의 번역어로 이전에 통용되던 '현존재'보다는 선생님이 번역하는 '거기에 있음'이 더 그럴 듯해지고 친숙해졌다.

둘째, 남의 관점이 아닌 자기 관점의 철학함이다. '제 눈깔'로 보고 '제 말'로 하는 철학함은 '자기 관점'을 '자기 말'로 하는 철학함이다. 하이데거가 말하는 "존재의 목소리에 귀 기울이라"는 하이데거 철학에 충실한 철학함은 바로, 자기 관점의 자기 말로 하는 철학함이다. 우리는 자신이 듣고 싶고 간절히 바라는 것들에 특히 귀 기울이게 되고 그래서 그런 것에 대해 더욱 잘 들린다. 또 그런 것에 대해 더 잘 사유하게 된다. 이와 같은 것들을 하이데거로부터 듣고 자각自覺을 하였더라도 그것은 온전히 스스로 깨달은 것이다. 그런 의미에서 우리 자신의 것이다. 선생님의 가르침은 하이데거의 가르침을 빌려서 우리에게, 우리 자신의 관점에서 '물어보고, 불어져서, 풀어져 나오게 하라'고 하는 것이다. 선생님의 떨림과 울림이

한겨레신문 [인문학데이트] 기사

이기상 : 저는 그것을 한국사회에 적용시켜 본다면 지금 우리사회에 통용되는 세계관 인생관을 포괄한 존재관이란 표현으로 말할 수 있다고 봅니다. 존재를 보는 시각, 더 강력한 표현을 쓰자면 '존재의 눈깔'이라고 할까요. 예컨대 과거 선조들이 상투를 틀었던 것은 단순히 머리깎기 싫어서가 세계와 인생과 존재를 보는 시각이 달랐기 때문입니다. 50년대만 해도 이웃간에 음식을 나눠먹고 상부상조하던 우리 사회문화가 60, 70년대 이후 돈이 모든 것의 기준이 되는 배금주의로 돌아선 것도 마찬가지로 존재에 대한 시각이 서구중심으로 돌아선 맥락이죠. 하이데거가 말하는 존재론은 쉽게 얘기하면 있는 것과 없는 것의 기준이 무엇인지를 묻는 것입니다. 무신론이나 유신론에 따라 삶의 기준이 달라지듯이 만물을 볼 때 있음의 기준을 어떻게 설정하느냐에 따라 세상과 사회는 판이하게 바뀝니다. 80 90년대 농지를 이윤의 대상으로 보고 부동산 투기가 횡행한 결과 농촌이 피폐화되지 않았습니까? 농부는 땅에서 재산가치만 보고 농사를 제대로 짓지 않게 된 거죠. 한 사회에 통용되는 존재를 보는 눈은 이만큼 중요합니다. 존재를 둘러싼 거인들의 싸움에서 한국을 비롯한 동양은 패배했고 황폐화되었습니다. 서양식의 존재를 보는 눈이 전세계를 지배합니다. 기술과 과학이라는 생산수단과 자유민주주의라는 정치제도, 자본주의 시장경제체제가 그 기본축이죠. 이성중심 인간중심에서 벗어나 자연, 우주 등으로 존재의 시야를 확대하자는 하이데거의 주장이 유효한 것은 바로 이런 맹점을 짚는 동양친화적 배경을 지니기 때문입니다.

2001년 2월 21일.

우리 학생들에게 울려 함께 떨리고, 이제 나는 나의 학생들과 그 떨림에서 울리는 울림을 전해 함께 울려 함께 떨리는 삶과 그 속에서의 배움의 길을 전하고자 한다. 이런 떨림과 울림을 함께 느끼고 전해지며 함께 오래된 현재의 길을 가는 것은 마치 오래된 진리의 등불이 현재에 늘 새롭게 전해지는 것[전등傳燈]과 같은 것이다. 이 등불을 전하는 나는 나는 사라지고 등불만 남아 전해지는 무아의 사태 속에 놓여있어, 나도 깨지고 관점조차 깨지고 다다르게 되는 단계 없는 지극한 단계가 되어야 한다. 이제 세 번째의 깨달음의 철학함이 요구된다.

셋째, 깨어있음의 철학함이다. '제 눈깔'을 가지라는 선생님의 사자후는 내게 어리석음으로 가리어 무슨 소리를 하고 있는지 모르면서 '잡담'을 하는 '그들'에게 휩쓸리지 말고, '자기만의 깨어있는 의식의 눈'을 가지라는 것으로 들린다. 동양철학을 공부하는 내게도 여전히 말 걸어오는 것을 보아서도 알 수 있듯이, 동양 형이상학 역사 속의 '도를 둘러싼 거인들의 씨름판'에서도 낯설지 않았던 메시지와 통하는 면이 있다. "네 눈깔을 가져라!"라는 파격적 일상언어로의 철학함은 마치 선가禪家에서 운문문언雲門文偃, ?~949의 "마른 똥막대기乾屎橛"와 같은 파격적 일상언어로 보여주는 철학함과 같다.

선禪은 불교가 동북아시아의 한자 문명권에 유입된 이래로 많고 어려운 불교경전들을 모든 사람이 읽고 이해하고 또는 깨우침을 얻기가 어려운 상황에서 좀 더 효과적으로 깨우침을 전하고 진리를 깨우치게 할 방법을 모색하는 과정에서 피어난 것이다. "부처님은 어떤 것입니까?如何是

사람은 살림을 알고 살림을 살아야 하는 **살림지기**다. 우리말 '생명'에는 살아야 한다는, 살려야 한다는 하늘의 명령이 간직되어 있다. 우리에게 생명체는 태양의 힘을 받아 땅을 뚫고 솟아나서 하늘과 땅 사이에 존재하게 되는 모든 것들이 해당된다. 생명이라는 낱말 자체가 하늘의 명을 받고 하늘을 향해 올라가는 삶의 모습을 형상화한 것이다. 모든 존재하는 것 속에 있는 한얼과 일치하여 모든 것 속에서 한얼(하느님)을 알아보는 것이 '얼나'로서의 인간의 사명이다.

다석의 말대로 얼나로서 참생명을 사는 삶의 모습은 어떠해야 하는가? 첫째로 우리가 명심해야 할 것은 "**식사는 장사며 제사**"라는 다석의 말이다. 이 정신을 이어받는다면 우리는 먹는 행위에서부터 생명사상을 실천할 수 있을 것이다. 우리가 먹는 모든 음식들은 생명체들이며 이들의 죽음을 통해 우리는 우리의 생명을 연장시키고 있다. 꼭 필요한 양만을 먹고 버리는 음식물 쓰레기를 줄이려고 노력할 때 우리는 생명사랑과 더불어 자연[생태]사랑을 함께 실천할 수 있다. 우리가 일 년에 버리는 음식물 쓰레기가 우리나라에서만 십 수조 원에 이른다고 한다. 그것을 줄여 기아에 허덕이는 사람들과 나눌 수 있다면 생태(환경)사랑과 더불어 이웃사랑[나눔]도 실천할 수 있다.

둘째, 우리는 마더 테레사의 "**나눔 없이 평화 없다**"는 말을 명심할 필요가 있다. 인류 역사상 지금처럼 굶어 죽는 사람이 많은 적이 없다고 한다. 그런데 그 원인은 결코 먹을 것이 부족하기 때문이 아니다. 지금 지구상에 있는 것만으로도 64억 인구가 모두 충분히 먹고 살 수 있다. 그렇지만 인간은 먹고 남아서 버리는 한이 있어도 그것을 남들과 나누려

하지 않는다. 이것이 소위 선진국의 경제논리다. 그런데 나눔이 없는 한 세계평화를 기대 할 수 없다. "식사는 장사다"의 정신으로 한 끼니 나누는 삶을 실천할 수 있다면 우리는 더욱 많은 사람들을 굶주림에서 벗어나게 할 수 있다. 다석처럼 하루 한 끼니만 먹을 수는 없다하더라도 먹는 것을 조금만 줄여 그 줄인 부분을 굶주리는 사람에게 나눠줄 수는 있을 것이다.

셋째, 다석의 가온찍기 하루살이의 삶에서 많은 것을 배울 수 있다. 우리는 소유 중심에서 나눔과 비움 중심으로 삶의 자세를 바꾸어야 한다. 나눔을 통한 비움, 비움을 통한 나눔을 실천해야 한다. '이 제 긋'으로서 이어 이어 나에게까지 이어져온 내 생명의 '긋'은 내가 살아있는 동안 한얼의 뜻을 깨달아 한얼과 더불어 우주 또는 지구 살림살이에 동참할 것을 가르친다. 그러기 위해서 나는 없이 살며 이 몸을 나누고 비우다 종국에는 텅빔 속으로 사라져야 한다. 몸나를 끝내고 얼나로 솟나야 한다. 나는 매일매일 자신을 비우고 '할 우(하루)'를 실천해야 한다. '한옿'인 위로 올라가려 노력해야 한다. 오늘이 마지막 날이라는 생각으로 살아야 한다. 우리는 나눔과 비움의 한 방법으로 장기기증, 시신기증을 할 수 있다.

넷째, 다석의 사상을 이어받아 함석헌처럼 "생각하는 백성이라야 산다"는 것을 명심하고 실천해야 한다. 생각에는 '드(되)는 생각', '하는 생각', '나는 생각'이 있다. 많은 사람들이 드(되)는 생각은 하지만 하는 생각과 나는 생각에는 신경을 쓰지 않는다. 우리는 적극적으로 주체적으로 창의적으로 하는 생각과 나는 생각 훈련을 많이 하여야 한다. 하이데거는 생각에는 '셈 생각'과 '뜻 생각'이 있다고 말한다. 그런데 우리는 셈 생각은 많이 하지만 뜻 생각은 별로 하지 않는다. 우리는 우리의 일상생활에서 하느님의 일름, 한얼의 숨결, 존재의 뜻을 읽어내어 거기에 응답하려고 노력하여야 한다. 스스로 생각하고 그 뜻을 찾아나갈 때 그 뜻에 대한 대답이 '나는' 생각이다. 생각하는 백성이 되기 위해서는 침묵, 명상, 생각 속에 한얼과 일치하는 삶을 생활화해야 한다. 진리 찾기와 참나 찾기를 함께 실천하려고 노력해야 한다.

다석은 하느님의 없이 계심 같이 그렇게 없이 살 것을 이렇게 가르치고 있다.

"가르치는 것은 모두 다 제일 마루[종(宗) = 하느님]로 가라고 가르치는 것이지요. 턱 깨닫고 나가는 시간이 있어야 해요. 학(學)은 각(覺)으로 가자는 것입니다. 교(教)는 각(覺)으로 성불(成佛)하면 깨끗해집니다. 깨끗은 깨끝입니다. 상대계가 아주 끝이 나도록 깨트리면 진리인 절대가 나타납니다. 참 나를 깨닫는 것이지요. 깨끝이면 아멘입니다. 다 치워야지요. 없도록 치워야 해요, 아직도 덜 치워 남아 있으면 덜 없지요. 덜 없으면 더럽지요. 덜 치워 덜 없는 것이 더러운 것입니다."

이기상, 「생명은 ᄋᆞᇰ일름을 따르는 몸사름. 다석 유영모의 생명사상의 영성적 차원」,
『유영모 선생과 함석헌 선생의 생명사상 재조명』
(오산창립100주년기념 학술세미나 발표집), 2005년 11월 28일.

佛?"라고 한 스님이 물었는데, 운문은 천연스럽게도 "마른 똥막대기乾屎橛" 라고 답했다. 부처님은 가장 신성하고 청정한 것으로서 철학에서의 진리에 대한 상징과도 같다. 그런데 운문과 그 스님의 눈앞에 펼쳐진 풍경 중에 일상적이어서 아주 낯익지만 더러워서 감히 부처님과 맞대어 설명할 수 없는 '똥막대기'를 들어 부처님을 설명하였다. 이는 진眞·속俗의 상대적 차별을 여의면서도 진眞·속俗을 원융圓融하는 어떤 경지도 아닌 지극한 경지로서의 가장 일상적 언어로의 표현이다. "마른 똥막대기"라는 대답은 발화자發話者 눈앞의 '성성한 즉자적 사태'와 발화자가 '틈 없이 하나가 되어' 나오는 깨어있음의 철학함이라는 사태를 가리킨다.

이제 선생님은 배움집을 떠나시며, 가르침의 짐을 더시고, 운문의 말처럼 '하루하루가 좋은 날日日是好日'이 되셨다. 우리가 진실로 하루라도 선생님의 떨림과 울림에 함께 떨리고 울렸다면, 선생님이 가신 그 빈자리에서 나날이 새롭게 함께 울리고 떨리면서 나날이 새롭게 함께 떨리고 울리게 하고 있을 꽉 찬 충만함 속에 있을 것이다.

▸ 한국외국어대학교 > 제자들의 글

오세영 화백의 그림

정신분석학적 용어로 이것을 '동일시'라고 하던가? 언젠가부터 주변에서 교수님과 닮았다는 말을 종종 듣는다. 또 사람들은 나를 교수님의 수제자 반열(?)에 올려놓고 소개하기도 한다. 사람들이 교수님을 나에게 투

김재철
경북대학교
철학과 교수

이기상 교수님과의 추억

사시켜 보기 때문에 그런 것 아닐까? 그만큼 나를 교수님과 밀접한 관계에서 보고 평가하는 것이리라. 이럴 때 나는 부담스럽기도 하지만 솔직히 기분이 좋다. 여러 분야에서 후학들에게 보여준 학문적 능력과 열정에 대한 부러움과 그동안 이루신 탁월한 업적에 대한 자랑스러움을 교수님에 대해 가지고 있기 때문이다. 대학시절부터 나에게 교수님은 선망하는 학문의 스승이자 닮고 싶은 삶의 스승Lebmeister이셨다. 그러기에 나는 무의식중에 교수님과 비슷해지기 위해 노력해 왔는지도 모른다. 가끔 대학원 세미나를 하면서 혼자 웃을 때가 있다. 오래전 교수님께서 풍기던 포스(?)를 나에게서 느끼기 때문이다. 학문적 관심, 연구방향과 목표, 향후 계획, 나아가 교수법, 사제 관계, 글쓰기, 목소리, 몸짓 등 사소한 것까지도 어느 듯 교수님을 흉내 내고 있는지도 모른다.

스승에 대한 존경과 보답은 다름 아닌 그 스승을 넘어서는 것이라고 했던가! 그렇다면 일찌감치 나는 그 일을 포기해야 할 것이다. 교수님께서 그동안 보여주신 학문적 성실함과 철학적 실천은 누구도 감히 따라가기

힘들 것이며 다만 경탄 내지 동경할 따름이다. 잠시도 안주하지 않고 다양한 분야를 넘나들며 새로운 도전을 감행하시는 교수님의 치열한 삶에서 나는 진정한 철학함이 무엇인지를 배웠다. 수많은 논문, 저서, 역서, 발표, 학회활동, 칼럼, 인터뷰 등은 그러한 활동의 산물이다. 서양의 철학자들이 어떻게 그렇게 많은 업적을 낼 수 있었을까하는 의문을 가질 때가 있었는데 아마도 그 해답을 찾을 수 있을 것 같다. 교수님께서 이루신 업적은 부지런히 살다보면 살림살이가 늘어가듯 시대를 고민하고 전통과 끊임없이 대결하면서 자신의 사유를 개척해 나가는 사유자에게 자연스럽게 생긴 부산물인 것이다. 다양한 분야에서 교수님께서 이루신 업적과 학덕에 관한 이야기는 여기에 일일이 열거하기 힘들 것 같다. 그 일은 이 기념집에 참여하시는 다른 분들께 미루기로 하고 교수님의 한 제자로서 마음에 간직하고 있는 몇 가지 추억을 돌이켜 보련다.

대학시절 교수님께서 제자들에게 보여주신 모습은 정말 엄격한 훈장님의 전형 그 자체였다. 지금 생각해 보면 독일 대학교수의 강의형식에 하이데거의 강의방식을 반영하신 것이 아닌가 여겨진다. 강의계획은 한 학기에 해야 할 주제와 내용을 정해 매주 수업을 위한 강의록을 철저히 준비하셨던 것으로 기억한다. 수업과목에 적합한 교재가 없는 경우는 적합한 교재를 직접 번역하셨다. 『실존철학』(F. 짐머만), 『철학과 종교』(K. 브흐텔), 『철학교육론』(E. 마르텐스) 등이 그러한 수업교재였다. 관련 분야에 적합한 교재가 없던 그 시절은 물론 지금도 이 책들은 좋은 교재로서 활용되고 있다. 일본어 번역과 한문 개념에 익숙했던 우리는 이러한 독일어 번역의 교재가 처음 어색했지만 원전에 가까운 뜻을 놓치지 않으려고 교수님께서 얼마나 고민하며 심혈을 기울이셨는지 나중에 깊이 공부를 하면서 알게 되었다. 이후 '우리말로 철학하기'-운동을 하시면서 고착된 기존의 한문 또는 일본식 개념들을 우리말로 풀어내는 작업을 하시게 된 것도 이때부터 시작된 것이 아닌가 싶다. 지금 생각하면 당시 그러한 번역어를 통해 낱말의 의미를 새롭게 고민하면서 배운 것들이 철학적 사유를 더 깊게 해주는 힘이 되었다.

수업은 교재에만 그치지 않고 힘든 과제도 주어졌다. 실존철학에서 카뮈의 『페스트』와 도스토예프스키의 『카라마조프가의 형제들』에서 "대심판관"을 읽고 쓴 리포트의 내용은 아직도 생생하게 기억이 나며 두고두고 곱씹을 거리를 주고 있다. 리포트의 제출기한은 정확히 지켜야 했다. 지체된 만큼 학점이 깎였기 때문이다. 그러나 교수님의 넘치는 열정과 노력에 대해 학생들은 크게 부응하지 못했던 것 같다. 시국과 관련하여 관심이 높았던 사회철학과는 달리 후설의 현상학과 하이데거의 존재론과 같은 과목들이 난해하고 전문적인 이해를 요구한 점도 있었다. 학생들의 형편에 따라 강의수준을 계속 낮출 수밖에 없는 사정에 대해서 교수님이 자주 불평하셨던 것이 기억난다. 그래도 철학에 깊은 관심을 가지고 심화된 내용을 접하기 원했던 학생들은 교수님의 강의가 얼마나 귀중한 것인지를 알았다. 당시 부전공으로 철학을 공부하면서 교수님의 가르침을 받아 계속 정진하여 지금 철학교수가 된 이들이 그런 사람들일 것이며, 나 역시 그런 사람들 중의 하나이다.

교수님의 진가를 가장 먼저 알아차린 사람들은 당연히 관련분야에서 전문적으로 연구하던 사람들이었다. 당시 외대 철학과는 하이데거 철학의 메카라고 불릴 만큼 전국에서 전공자들이 몰려들었고 대학원 수업은 청강생들로 만원을 이루었다. 수업은 원전을 가지고 진행되었으며 방학 전에 미리 발표자를 정해 각자 맡은 것을 미리 준비를 해야 했다. 첫 학기 대학원 세미나에서 나는 교수님의 박사논문을 독일어 원문과 번역한 자료를 대조하면서 공부를 하였다. 두 학기 연속된 세미나를 통해 후설과 하이데거 철학의 정수를 생생하게 배울 수 있었다. 이 수업에서 직접 대했던 교수님의 박사논문은 이후 독일에서 공부하면서 많은 도움을 준 소중한 자료가 되었으며, 나의 박사논문을 위한 중요한 표본이 되었다.

기억이 가장 생생한 수업은 칸트수업이었다. 이 세미나의 발표를 준비하기 위해 나는 방학 내내 독일어로 된 카울바흐F. Kaulbach의 책을 번역해야 했고 맡은 부분을 이해하기 위해 칸트의 순수이성비판과 함께 참고문헌으로 제시된 페이톤H. J. Paton의 영어본 『경험의 형이상학』을 읽어야 했다. 그때까지만 해도 컴퓨터를 많이 사용하지 않던 시절이어서 발표문을 완성하려면 밤을 꼬박 새워야 했다. 발표문이 허술했다가는 눈물이 날 정도로 야단을 맞았다. 아마도 이때가 철학공부를 가장 열심히 한 시절이 아닌가 싶다.

그리고 매주 목요일 저녁에는 박사과정을 중심으로 하는 하이데거 전집의 원전강독이 있었다. 국내 핵심적인 하이데거 연구자들 대부분이 거의 참석했다고 해도 과언이 아닐 정도로 정평이 나 있는 강독모임이었다. 스탠드를 켠 교수님의 책상 앞에 둘러 앉아 책장 넘기는 소리만 들릴 정도로 차분하고 조용했지만 낱말 하나, 문장 하나에 천착하며 하이데거의 심오한 사유를 이해하려는 사람들의 열성과 진지함으로 가득 찬 시간이었다. 적극적으로 참여는 하지 못하고 주변에서 선배들을 따라 독일어를 읽고 토론을 들었지만 내 인생에 하이데거 철학을 가장 많이 심득한 시간이었다. 강독이 끝나면 생맥주를 마시며 밤 깊도록 끝없이 이야기를 이어갔다. 철학이 삶에 명랑함을 주는 즐거운 학문임을 알게 해준 행복한 시절이었다.

지금도 그렇지만 교수님은 항상 가깝게 다가가기에는 너무나 먼 어려웠던 분이셨다. 조교로 일하던 나에게 교수님은 지도교수이자 학과장으로 계셨기 때문에 항상 조심스러웠다. 오랜 외국 생활에 익숙해서인지 치밀한 계획에 따라 정확하게 일을 처리하셨기 때문에 잠시도 긴장을 늦출 수 없었다. 매일 정확히 아침 9시에 과사무실로 출근하셔서 녹차를 드시고 학과일정을 점검하셨기 때문에 무슨 일이 있어도 나는 항상 미리 나와 물을 끓이고 준비하고 있어야 했는데 새벽잠이 많던 젊은 시절 나에게 이것은 가장 힘든 고역 중의 하나였다. 그렇게까지 일찍 나오시지 않아도 누가 뭐라고 할 사람도 없는데 왜 그렇게 하셨는지 지금도 이해가 가지 않지만, 돌이켜 생각하면 교수님은 교육, 연구, 봉사에 있어서 누구보다도 책임감을 가지고 교수직을 수행하고 시간을 효율적으로 사용하기 위해 아주 철저하게 계획적으로 사신 것 같다. 하루에 독서량을 정해두고 국내외 문헌들을 탐독하시고 학생들에게 소개해 주셨을 뿐만 아니라 당시 수많은 학회발표, 저서와 역서를 출간하실 수 있었던 것도 이러한 계획적인 생활방식을 통해 가능했던 것이다. 학자는 발표, 논문, 번역 및 저서로서 평가받기 때문에 말로만 할 것이 아니라 업적으로 내놓아야 한다고 제자들에게 항상 강조하셨던 것을 당신께서는 몸소 모범으로 보여주셨다.

교수님과 개인적으로 가깝게 만날 수 있었던 계기는 오히려 유학시절이었다. 두 번 독일을 방문하셨는데 처음 뵙는 순간 변신한 교수님의 모습을 보고 나는 깜짝 놀랐다. 교수님께서 유럽 전역을 한복차림으로 다니고 계셨던 것이다. 겉으로 드러난 의상의 변화는 일종의 전향이랄 수 있는 사상적 변화를 의미하는 것이었다. 이제 하이데거 철학을 전수하는 것만이 아니라 하이데거 철학에 담긴 메시지를 직접 실천하시는 단계에 돌입하신 것이다. 다시 말해 민족적, 시대적 존재의 소리에 응답하려는 철학의 한국화를 시작하신 것이다. 지금도 교수님은 '이 땅에서 철학하기'를 통해 새로운 대안적 사상을 모색하면서 한국인의 고유한 모습을 회복하려는 몸부림을 치고 계신다.

한복을 입은 독립투사처럼 밤새도록 유학생들을 모아 놓고 그들이 귀국하여 철학자로서 한국에서 해야 할 일들이 무엇인지를 열심히 역설하시던 모습은 지금도 선하다. 한국인이 특정한 날이나 특정한 곳에서만 한복을 입고 평상시에 입으면 이상하게 여기는 것처럼 서양의 존재시각으로 자신과 세계를 이해하는 것이 당연하게 여겨지고 있는 현재 한국의 문화와 학문적 풍토에서 한국인 본래적 모습이 망각되고 있다는 것이다. 눈에 금방 띄는 한복을 입고 이국을 누비던 모습에서 나는 교수님이 앞으로 하실 일에 대한 확고한 결단과 굳은 의지를 느꼈고 강한 도전을 받았다. 모처럼 나의 아내는 긴 여정에서 꾸겨진 교수님의 한복을 다리고 손질하는 일을 한국도 아닌 독일에서 해야 했다.

이기상 교수, 독일 올로모츠시 후설이 다닌 초등학교 앞에서, 2001년

폰 헤르만 교수를 방문한 이기상 교수, 93년

이기상 교수, 마틴 하이데거의 길 이정표 앞에서, 94년

두 번째 만남은 교수님께서 폰 헤르만 교수와 공동 작업을 하시기 위해 1년 계획으로 프라이부르크에 머물던 시기였다. 이 당시 프라이부르크에 가서 교수님을 뵙고 함께 하이데거의 흔적을 더듬었던 여행이 나에게는 유학시절에서는 물론, 그동안 교수님과 함께 가진 가장 아름다운 추억들 중의 하나로 남아있다. 유년시절을 보낸 하이데거의 집, 성 마틴 교회, 자택 등을 방문하며 철학자 하이데거의 삶과 그의 사유에 대해 이런 저런 이야기를 나누며 은연중에 교수님과 깊은 학문적 공감을 가질 수 있었다. 예전부터 함께 알고 있었던 친구의 흔적을 같이 발견하는 반가움과 즐거움 속에 교수님과 나는 어느덧 인간적으로 친밀해지고 있었다.

무엇보다 기억에 남는 것은 유명한 하이데거의 오두막을 찾을 때였다. 차를 타고 생각했던 것보다 아주 높은 토트나우베르크의 정상으로 올라가면서 구비마다 'Kehre'라고 적혀 있던 푯말이 눈에 들어왔다.

하이데거의 "전회"에 사용된 이 낱말이 거기에 있다는 것을 신기해하면서 가다머가 알레만 지방에서 사용되는 이 낱말의 의미에 대해 해명하던 것이 생각났다. 존재의 의미를 찾아 정상으로 가는 높은 사유의 길에는 새롭게 전기를 마련할 전회가 필요한 것이다. 초행길에 하이데거의 오두막을 찾는 일은 쉽지 않았다. 하이데거 철학의 난해함처럼 그야말로 숲길과 들길을 오랜 시간 헤매다 허탕을 치고 돌아올 수밖에 없었다. 주변의 도움을 받아 다시 가서 발견한 오두막에서 우리는 점심을 먹으며 하이데거가 길러 마셨다는 샘물에서 물을 받아 목을 축였다.

이기상 교수, 하이데거의 오두막(Heidegger's Hütte) 약수터에서(98년)

물 긷는 하이데거

하이데거가 『존재와 시간』을 집필하고 방학에 강의록을 준비한 이곳, 눈으로 덮인 산속의 적막한 밤에 존재의 침묵을 사유한 이곳에서 교수님과 함께 나는 하이데거의 숨결을 느꼈다. 이후 우리는 현상학의 창시자이며 하

이기상 교수, 후설의 무덤에서, 98년

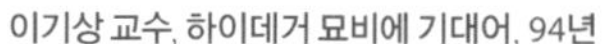
이기상 교수, 하이데거 묘비에 기대어, 94년

제자 김재철(경북대학교 교수)와 함께(1998년)

이데거의 스승인 후설의 무덤을 찾았다.

현대철학에 엄청난 영향을 끼친 거장의 무덤은 너무 소박했다. 계속해서 우리는 조금 먼 거리에 있는 메스키르히로 향했다. '하이데거 김나지움'을 방문한 후 마을 묘지에서 하이데거의 무덤을 찾아 묘비의 별을 보며 존재의미 탐구에 매진한 한 철학자의 삶을 추모하고 철학자의 고향에서 "고향"의 의미를 생각했다.

다시 마인츠로 돌아 온 후 얼마 되지 않아 급한 전화를 받았다. 교수님께서 위독하셔서 하이델베르크 근처 병원 중환자실에 계시다는 연락이었다. 깜짝 놀라 황급히 달려가 교수님을 뵈었다. 독일로 오시기 전부터 심장이 좋지 않았는데 긴 여행, 많은 유학생들과 벌인 장시간의 토론, 음주 등으로 인해 과로하신 것이 심장에 무리를 주었던 것이다. 이국의 병실에 파리한 얼굴로 누워 계신 교수님을 뵙고 손을 부비며 눈물을 흘렸다. 아는 의사를 통해 급히 한국으로 들어가셔서 수술을 잘 받고 무사하시다는 소식을 듣고 안도하였다. 시간이 많이 흐른 후 지난 날을 회고하시면서 수술 자국을 보여주며 죽음에 대비하여 극약을 준비한 야스퍼스의 이야기를 하실 때는 죽음에 대한 앞선 결단과 초연함을 느꼈다.

이기상 교수, 체코 올로모츠 대학에서 열린 국제현상학회 참가, 대회조직위원장 I. Blecsa와 함께, 2001년 11월

귀국 후에 뵌 교수님의 모습은 이전과 마찬가지로 동분서주 너무 바쁘셨다. 일을 하시기 위해 나를 기다리고 계셨던 게 아닌가 싶을 정도로 여러 일에 참여시키셨다. 연구재단의 과제, 교내사업, 교수님이 추진하시는 여러 사업에 동참하도록 주선하셨다. 대학원 수업을 맡기시고 직접 참여하셨으며 하이데거 전집을 공역하여 출판하도록 도와주셨다. 어느새 나는 교수님이 관여하시는 국내 학술활동에 함께 출석하면서 학계에 적응하고 있었다.

한번은 체코에서 열리는 국제 현상학회에 다석 유영모의 사상에 관해 발표하시는 글을 독일어로 번역하는 일을 도와드린 적이 있다. 장거리 비행여행이 심장에 무리를 줄 수 있다는 주변의 만류를 뿌리치고 강행을 하셨고, 결국에는 비행기 안에서 쓰러지셨다는 말을 들었다. 이처럼 우리 사상 속에서 우리의 본래성을 찾고 그것을 세상에 알리기 위해 혼신의 힘을 다하시는 모습에 나는 깊은 감동을 받았고 이런 노력을 후학들이 계속해서 이어가야 할 것이라고 생각한다. 그리고 교수님은 우리의 얼을 찾기 위해 우리말에 애착을 가지시고 잃어버린 좋은 말들을 찾아내어 갈고 닦고 새롭게 만드시는 일에 매진하셨다. 이러한 작업의 일환으로 우리말 철학사전을 만드시고, 이 일을 함께 할 사람들과 연대를 모색하고 언론을 통해 우리말로 사유하기를 대중화하려고 열심히 뛰어 다니셨다. 이렇게 노력하시는 것을 옆에서 뵐 때마다 적극 나서서 도와드리지 못하는 것이 나는 항상 송구스러웠다. 이제 그동안 하신 일들이 조금씩 주변의 호응을 얻어 결실을 맺어가고 있는 듯하다.

이후 대구에 내려와 근황을 자세히 알지는 못했지만 최근 문화콘텐츠학과를 새로 만들고 관련 저작을 출판하신 것을 보고 교수님의 끊임없는 새로운 도전에 경탄할 수밖에 없었다. 괴산으로 거처를 옮기신 후 한 번 찾아뵌 적이 있다. 서울을 벗어나 조용한 시골마을 한 가운데 작은 집을 마련하여 생활하고 계셨다. 수술을 받으신지 얼마 되지 않은 교수님께 2년 전 유사한 수술을 받은 나는 묘한 동질감(?)을 가졌다. 그간에 있었던 여러 일들을 서로 나누면서 산책을 하였다. 마을 아이들이 집에 놀러오고 그들에게 과자를 만들어 주셨다는 말을 듣고 헤라클레이토스가 세상을 뒤로 하고 아데미 신전에서 아이들과 공기놀이를 했다는 전설이 생각났다. 언제부터인가 학문적인 공감보다는 삶을 나누는 가족과 같은 애틋함을 가지고 교수님을 대하게 된다. 시골집 울타리에 나와 아내의 이름을 적어두고 대구로 돌아왔다.

눈깔! 이 말은 스승님이 이 땅에서 시작했던 **철학의 빛깔**을 잘 말해 주고 있다. 눈은 우리가 세상을 향해 열었다 닫았다 할 수 있는 창문을 넘어 세상과 우리를 하나로 이어주는 통로가 된다. 눈은 세상과 소통하는 큰 길! 눈이 흐리면 세상이 어두운 법이고, 눈이 맑으면 세상 또한 또렷하게 드러난다. 눈 없는 사람이 어디 있는가? 눈 먼 사람마저도 마음의 눈은 있고, 사람 사는 곳마다 눈 달린 사람들로 넘쳐 난다. 한국에도 눈을 부릅뜬 사람들이 어디 한 둘인가? 그럼에도 스승님은 '눈깔'을 외쳤다. 스승님의 눈깔은 우리말, 즉 한국말이었다. 제 말로 철학하지 않는 사람은 제 눈을 두고 다른 사람의 눈으로 세상을 보려 하는 것처럼 어리석다.

구 연상
숙명여자대학교
교양교육원 교수

스승님의 철학과 슬기 밝힘

닦달! 이 말은 스승님이 시대를 깨우치기 위한 **소리깔**이었다. 현대는 마음을 깨끗하게 닦을 마른걸레도, 시간도, 자리도 없다. 사람들의 마음은 온갖 욕망으로 부풀어 터질 지경이고, 사회는 끝없는 경쟁 일색으로 뒤덮여 있으며, 도덕과 종교마저 돈과 숫자 앞에 무릎을 꿇는다. 저절로 자라는 사과나무는 어디에도 없고, 저절로 크는 사람도 없으며, 저절로 이루어지는 일도 없다. 사과는 인공적으로 재배되고, 사람은 기업이 필요로 하는 인재로 육성되며, 삶의 일들은 공학적으로 설계된다. 서울 이 넓은 땅에 임자 없는 빈 그늘 하나 찾을 수 없으니, 스승님은 이 시대에게 닦달을 멈추라고 외친다.

학문學問! 이 말은 스승님이 **스스로를 독려했던 마음깔**이었다. 배움보다는 물음이, 물음보다는 들음이, 들음보다는 스스로의 깨달음이 귀하다. 독일에서 하이데거 철학을 배우고, 한국에서 우리가 처한 현실을 묻고, 존재하는 모든 것의 숨겨진 목소리를 들으며, 그에 대한 철학적 응답이 곧 학문이었다. 학문은 앎과 삶의 돌쩌귀이자 모름과 깨달음의 여닫이다. 학문은 복잡한 지식의 거미줄 미로를 밝혀 나가는 게 아니라 사람과 진리 그리고 전체에 대한 지칠 줄 모르는 물음과 그에 대한 올바른 대답을 실천해 나가는 것이다. 물음 없는 대답은 암기暗記일 뿐 자기가 텅 빈 껍데기 지식이 되고, 올바른 대답이 아닌 똑똑한 앵무새 대답은 한낱 지식 상품이 될 뿐이다. 학문은 언제나 스스로의 삶이어야 한다.

문화! 이 말은 스승님이 21 세기 사람들에게 화두話頭로 던진 **있음깔**이었다. 20 세기가 과학과 기술이라는 두 마리 말에 이끌렸다면, 눈앞에 마주한 세기는 문화의 마당이 될 것이다. 농업과 산업 그리고 금융의 물결이 거듭 밀려든 그 위에 다시금 문화의 물결이 솟구쳐 오르고 있다. 삶의 문제는 돈이나 지식 정보의 부족에 달렸기보다 무의미와 관계된다. 삶의 의미는 소비하는 상품이나 교육받은 지식으로 모두 충족될 수 없다. 사람은 언제나 그 자신이 갖고 있는 것 이상, 아니 그 자신이 가질 수 없는 것을 바라면서 차이, 즉 새로움을 꿈꾼다. 문화는 새로워짐을 누리는 것이다. 옛것도 그것이 새롭게 다가오지 않는다면 누릴 수 없다. 사람은 스스로 누리는 바가 되어 간다. 사람이 곧 21 세기인 것이다.

생명! 이 말은 스승님이 김지하 시인을 찾았을 때 되찾은 **목숨깔**이었다. 생명은 절로 살아가는 모든 것이다. 거기에는 강제나 인위가 없다. 봄

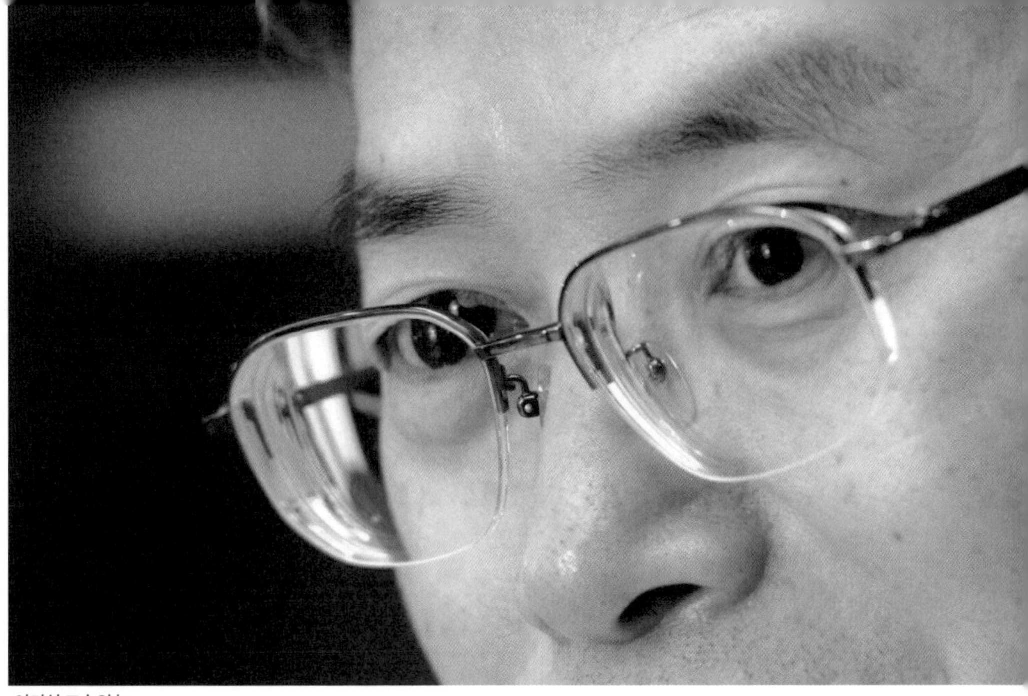
이기상 교수의 눈

의 새싹은 짓밟지 않는 한 제 생명을 다한다. 지구도 생명체이다. 살아있는 모든 것들은 무질서 속 조화, 즉 카오스모스를 이루어간다. 거대한 도시들은 생명의 죽음 위에 건립되고, 스스로 생명력을 유지하지 못한 채 다른 모든 생명을 먹이로 집어삼킨다. 가이아는 시름시름 병들고, 지구는 제 품의 생명을 돌볼 힘을 모짝모짝 잃어가고 있다. 곳곳의 작은 생명체들은 흔적도 없이 사라지고, 생명의 다양성은 잿빛으로 뒤덮이고 있다. 생명의 사막지대에는 죽음의 폭풍만이 불어 닥칠 뿐이다. 생명은 자치(自治)의 영역이다. 침범과 침탈 그리고 침략이 자행되는 곳에 생명은 노예로 전락한 채 메말라 버리고 만다. 황무지처럼. 스승님은 생명을 가리키며 공생共生, 즉 더불어 삶을 가르쳤다.

이 기상 교수님이 좋아하던 김 지하의 시

〈눈 물〉

가만 있으면
몸에
물이 솟는다

흰 물은 눈이 되어
하늘에 걸린다

울며 걷던
철둑길도 비치고
어둑한 감옥
붉은 탄식

나 죽은 뒤에 남을
자식들 고된
인생도 비친다

슬픈 것은
먹고 또 먹고
죽이고 또 죽여
지구를 깡그리 부시고 있는
지금 여기
나

시커먼 몰골

눈에 자욱히
눈물되어 비치는 것.

김지하, 『중심의 괴로움』, 솔, 1994.

이기상 교수, 김지하 시인과 함께, 세계생명문화포럼에서, 2003년 12월

여러분은 지금 좋은 세상을 살고 있지만 지난 몇 십 년 전의 우리나라의 상황을 한 번 생각해 보세요. 그 때 어떻게 물음을 던질 수가 있어요? '질문 있습니다' 하고 하면 벌써 위에 있는 사람이 긴장하는 거예요. 그것은 바로 물음이 이제까지의 모든 것을 엎어버릴 수 있기 때문입니다. 물음의 위대함이 여기에 있는 거지요. 그래서 어떤 철학자는 인간만이 물음을 물을 수 있으며 이 물음이 모든 것을 無化시킬 수 있다고 한 것입니다. 물음은 이와 같이 기존의 모든 것을 해체, 전복시킬 수 있는 반면에 또한 물음은 새로운 창조적인 행위인 것입니다. 그래서 흔히 물음을 새로이 던지는 사람에게 우리는 '그래서 대안이 뭐냐?' 라고 묻습니다. 이것은 물음이 단순히 비판을 위한 비판처럼 기존의 것을 파괴하고 해체만 하는 것이 아니라 그 물음의 의도는 대안을 제시하자는 것이죠. 우리가 어떠한 문제사태에 대해 비판만 하는 것은 쉽습니다. 그러나 그 비판 뒤에 새로운 대안을 내놓을 수가 없다면 그 비판은 무의미한 것이겠죠.

예를 들어, **김지하**가 민주화를 억압하는 정권에 대해 비판할 때는 『오적』을 쓰면서 신랄하게 저항했지만 대안이 없었던 거죠. 우선 정권이 썩었으니까 반대는 했지만 그 후에 일을 수습할 수 있는 대안을 제시해야 했던 거죠. 그래서 김지하는 80년대 말에 **생명사상**을 들고 나왔습니다. 그 때 함께 했던 젊은 운동권 학생들은 김지하가 변절했다고 했습니다. 지금 쓰레기 청소할 것이 많은데 청소하다말고 뭐 하는 거냐는 거죠. 하지만 김지하는 미래세계를 보았던 거예요. 쓰레기를 무엇 때문에 치우냐는 거죠. 대안을 제시하지 않은 전복과 비판은 무의미하다는 것입니다.

「삶과 직업의 의미」, 신세계 신입사원교육 강연, 2000. 8. 24.

영성! 이 말은 스승님이 구도자의 길을 걷고 있었다는 **정신깔**이었다. 기독교와 불교 그리고 다석 유영모를 통해 열리는 깊고 성스러운 곳에는 모든 시간과 공간 그리고 삶을 관통하는 영성靈性이 자리한다. 사람의 길은 곧 신에게 나아가는 길, 또는 신과 하나가 되는 길이다. 신을 마음에 모시고, 모든 사람을 '신과 하나 된 거룩한 이'로 섬기는 일은 저마다에게 주어진 영성을 깨우는 길이다. 과학적 증명의 길, 도덕적 당위의 길, 예술적 창작의 길, 경제적 활동의 길은 모두 외길 갈림길일 뿐 그 모든 길을 두루 아우르는 한길 큰길이 될 수 없다. 영성은 있는 모든 것뿐 아니라 없는 것, 그리고 '없이 있는 것'까지 제 품에 감싸 안는 크기를 가졌다. 크디커서 그 끝이 없는 영성은 모든 다툼을 잠재우는 고요가 된다.

다석 사상을 철학적으로 성찰한 책
『다석과 함께 여는 우리말철학』 표지, 2003.

콘텐츠! 이 말은 스승님이 한류에 대한 학문적 응답으로 탐구를 시작한 **흐름깔**이다. 문화의 시대, 사람들은 벌거벗은 문화를 누릴 수 없다. 그 안에 알찬 내용이 들어차 있어야 한다. 콘텐츠는 다양한 매체를 통해 누릴 수 있는 모든 것이다. 해리 포터는 콘텐츠의 힘을 놀람차게 보여주었다. 전 세계인이 언제 어디에서나 즐길 수 있고, 함께 공감할 수 있는 콘텐츠는 정치, 경제, 문화를 넘어 곧바로 삶이 되었다. 스승님은 콘텐츠학이 현실 경제와 정치 공학을 넘어 학문 세계에서 그 뿌리를 내릴 수 있는 터 닦기와 바탕 다지기를 하고 있다. 그 터가 새로운 학문 공동체의 전당이 되길 바란다.

살섬비나! 이 말은 스승님이 한국인들의 삶의 문법을 범주화한 **삶깔**이다. 사람은 삶을 살아가는 이, 달리 말해, 삶을 제 이마에 이고 사는 이다. 삶은 불사름으로서 스스로를 바쳐 모든 것을 살리는 살림살이다. 사람만이 살림을 살 줄 알고, 그것의 참뜻을 알 수 있다. 사람은 삶앎이다. 살림은 무엇보다 스스로를 태우는 일이다. 태움은 비움과 같다. 비움은 빈 곳을 낳아 모든 것이 자라게 해 준다. 빔과 빔의 사이에는 아무것도 없는 게 아니라 모든 것을 다스리는 거룩한 신이 계시다. 사람은 그 신을 알아보고 마음에 모심으로써 신과 하나가 된다. 신을 섬기는 사람은 신처럼 스스로를 비우고, 자신의 모든 것을 살림을 위해 함께 나눈다. 살림나누기는 모든 것을 살아나게 만들어 온 우주가 생명으로 가득 차도록 해 준다.

저는 개인적으로 **현대의 문제**가 아주 간단하게 말해서 땅과 인간의 문제라고 생각합니다. 땅은 고정되어 있는데 인구는 계속 늘어나고 그 중에 20%만 잘 살려고 바둥바둥 거리며 지구를 훼손시키는 것입니다. 그래서 과연 2200년에도 지금과 같은 지구를 유지할 수 있는가 하는 문제로 연결이 되죠.

그러므로 이런 문제를 해결하기 위해 소위 담론을 바꿔야 한다면, 우선 **우리가 가야 할 방향이 어디인가를 찾아야 한다**고 봅니다. 이것을 동양

사상에서 찾으려고 할 때 과연 그동안 우리가 잊고 있었던 생활 속에서의 삶의 문법은 무엇이었느냐를 스스로 되돌아 봐야 합니다. 서양 사람들이 가진 사유의 패러다임을 보면 일정한 삶의 방식을 모델화했는데, 예를 들어 플라톤이나 아리스토텔레스는 – 그들이 인식했던 못했던 – 수공업자, 즉 기술자를 모델화했습니다. 즉 손재주가 많은 수공업자가 뭔가를 만들기 전에 생각을 하고, 그 생각을 형상화하는 과정이 플라톤의 모델입니다. 데카르트의 모델은 기계를 만드는 기술자이며, 맑스는 노동자인 것입니다. 물론 동양에서도 유교에서의 군자, 불교에서의 해탈자 등이 모델이 될 수 있겠죠.

그렇다면 저는 한국적인 모델이 무엇인가를 묻고 싶습니다. 어떻게 보면 우리는 동양에서도 늘 주변부로서 압박을 받는 입장이었습니다. 그러나 오히려 이제는 압박을 받는 사람들의 삶의 논리, 즉 아까도 말씀드렸듯이 80%가 중심이 되는 삶의 논리가 세상을 살릴 수 있음을 생각해야 합니다. 그럴 때 우리가 주목해야 할 **우리의 모델은 농부**입니다. 지금 서양 사람들에게는 유목인이 모델이 되고 있습니다. 농부가 철학에서 삶의 모델이 되었던 적이 없습니다. 그러므로 농부를 모델로 한다면 한국적인 대안이 생길 수 있을 것이며 그 가치관으로서 저는 살림, 섬김, 비움, 나눔을 주장합니다. 한국인의 심성, 민족성, 생활 세계에 간직되어 있는 논리, 그 논리에서 찾을 수 있는 가치관, 즉 **살림**, **섬김**, **비움**, **나눔**의 논리를 체계화시킬 때 현대가 직면한 위기에 대한 대안이 될 수도 있지 않을까 생각합니다.

『오늘의 동양사상』(제6호), 2002년.

스승님은 나를 여기까지 이끌어 주셨다. 나는 그곳에서 '**철학의 미래가 있는가**?'를 묻게 된다. 만일 미래가 없다면, 그것은 철학의 죽음을 의미하는 것이고, 만일 미래가 있다면, 그것은 철학이 꿈을 꾸어야 한다는 것을 말한다. 스승님 철학의 꽃은 존재사건학이고, 그 열매는 생명학이며, 그 잎은 콘텐츠학이다. 나는 철학을 '슬기 밝힘'으로 풀이한다. 스승님의 슬기는 기술문명의 토양 위에서 '우리 모두'가 더욱 궁핍해진 까닭을 존재사건으로 밝히는 데 있고, 그 가난 극복의 길이 오직 생명의 온전한 회복에 있음을 가르치는 데 있다. 이는 곧 사람의 본성에 대한 새로운 통찰을 일깨운다는 점에서 놀랍다.

나는 마음을 밝히려 한다. 마음은 뇌와 같은 게 아니라 온 몸을 통해 그리고 온 삶을 거치는 가운데 저절로 또는 스스로 갖추게 되는 사무침 구조이다. 사무침은 투명함 또는 소통원활의 상태를 말한다. 우리는 서로 마음이 막힐 때 외롭고, 마음이 통할 때 신이 난다. 사람이 꼭 사람에게만 사무칠 필요는 없다. 사람은 모든 것에 대한 격물을 이루어가야 할 것이다. 온전히 사무칠 줄 아는 마음은 차별이 없어야 하고, 서로 크게 한데 어우러질 수 있어야 하며, 되새기고 새로워지는 가운데 좋은 삶을 더불어 살아갈 줄 알아야 한다. 스승님께 빚진 말빛 깨우침 빛 살림 빛을 갚을 길 없어 마음 한 구석을 여미며….

내 딸의 바람

가족과 함께 스승님을 방문하여 괴산호수를 구경함, 2008년1월

번역飜譯을 잘못하면 반역反逆이 된다고 한다. 그래서인지 몰라도 선생님께서 한국에 돌아 오셨을 당시만 해도 철학서적의 번역본은 전무하다시피 했다. 가수 김장훈 하면 독도 홍보대사라고 떠올리게 되는 것처럼, 이기상 교수님 하면 철학서적 번역의 전도사라고 말해도 과언이 아닐 것이다. 선생님께서는 《우리말로 철학하기》를 평생 자신의 과제로 삼으신 분이고, 보통 사람들이 엄두도 내지 못할 만큼의 번역서를 꾸준히 내오셨다. 더하여 선생님의 길고 짧은 연구서까지 포함하여 생각해 본다면, 그 양은 어마어마해진다. 여기까지만 생각해 보아도 선생님께서는 학자로서의 모든 꿈을 이루신 분으로서 우리들의 부러움을 살만하다.

한 희숙
한국외국어대학교 철학과 박사

빨간 펜 선생님

도서관에서 6~70년대에 발간된 철학서 전집들을 살펴보면, 의외로 많은 양의 번역서를 만나게 된다. 당시 사회분위기를 반영하듯 한자어가 수시로 포함된 옛 체의 글을 접하기는 하겠지만, 이미 이런 번역서들이 있었다는 것에 대해 놀라지 않을 수 없다. 당시 번역자들의 제자들이, 현재 교수로서 강단에 선 자신을 자신의 은사의 모습과 비교하며 글을 쓰는 경우가 종종 있다. 그들이 한목소리로 증언하는 것은 자신의 은사가 혀를 내두를 정도로 요령을 조금도 부리지 않는 성실한 학자였다는 사실이다. 한마디로 그들은 자신의 은사를 도저히 따라가지 못한다고 회고한다.

우리가 도서관에서 힘들게 찾은 번역서들 이후로 이 땅에 번역서가 사라지게 된 것은 무엇 때문일까. 번역이 얼마나 힘든 일인지 번역을 해 본 사람들이 더 잘 안다고 한다. 책 한 권을 번역하려면 오랜 시간과 끈질긴 인내가 필요하다. 게다가 오역에 대한 비판 내지 비난은 언제나 열려있다. 선생님은 독일에서 한국에 귀국하신 이후로 번역서에 대한 관심과 헌신을 지속하셨고 그 노력이 빛을 발해 이제는 많은 후학들도 선생님의 길에 동참하게 되었다. 선생님의 마음이 얼마나 기쁘실까.

사르트르의 『존재와 무』에 대하여 혹자는 하이데거의 『존재와 시간』의 오역誤譯에서 비롯한 것이라고 평하기도 한다. 그럼에도 불구하고 사르트르의 생각이 오역이라는 오명(汚名)에 그치지 않고, 또 다른 하나의 큰 지평으로서 세상에 빛을 발할 수 있었던 것은, 《이 땅에서 우리말로 철학하기》가 가능했던 프랑스의 철학적 토양 때문이라는 점이 부럽다. 더 이상 바랄 것 없어 보이는 선생님의 업적들에도 불구하고, 선생님의 첫걸음에서부터 바라셨고 여전히 지금도 선생님께서 기대하고 계실만할 일이 있다면, 《이 땅에서 우리말로 철학하기》가 자리를 잡는 일이 될 것이다. 선생님께서 이루어 놓으신 비옥한 토양 위에서, 우리들의 반역과 오역들이 어느 날 『존재와 있음』과 같은 이름으로 세상에 빛을 발하며 너무도 기쁘게 『존재와 시간』의 오역에서 비롯했다는 평가를 받을 날이 올 것이라는 즐거운 상상을 해본다.

선생님께서 독일에서 귀국하시며 한국외국어대학에 부임하시고, 나의 대학 부전공 수업에서 처음 만나 뵈었다. 선생님은 매우 엄격하셨고, 불성실한 학생들은 크게 혼을 내셨다. 선생님은 언제나 열정적이고 성실하고 엄격한 학자의 모습이셨다. 그렇다고 포용할 줄 모르고 엄격하기만한 선생님을 상상한다면 오해誤解다. 반대反對로 선생님께서는 따스한 마음을 지니신 분이다. 소위 〈그들〉의 〈잡담〉 수준에서 찾으려고 해야 찾을 수 없는 모습일지는 모르겠지만, 지금에 와서 돌아보면 선생님께서 너무 많은 손해를 보신 게 아닌가 하는 안타까운 마음이 들기도 한다. 최근의 한 연구에 의하면 학업성적 등으로 어린 자녀들을 너무 엄격하게 나무라지 말라고 권고하는데, 그 이유는 아이에게 부모의 교육적 목적과 내용과는 상관없이 혼났다는 기억만 남을 뿐만 아니라 심지어는 자기가 학대받았다는 기억으로 자리 잡는 경우가 많기 때문이라고 한다. 물론 이런 식의 반응을 보일 자식이 무서워 자식 교육을 포기하는 것은 진짜 부모가 아닌 것처럼, 학생들이 자신을 멀리 할까봐 학생들에게 맞추어 적당히 타협하는 것은 진짜 선생이 아닐 것이다. 선생님께서 제자들과 후학들에게 보여주시는 사랑과 관심을 보면 자식을 향한 부모의 마음과 다르지 않다고 느껴지곤 한다.

선생님의 별명으로 빨간 펜 선생님이라 불러본다. 학부생들이 더 잘 알겠지만, 자신들이 제출한 A4 용지 10여 페이지의 중간고사 리포트를 선생님께 돌려받으면, 빼곡하게 기입된 빨간 펜의 위력을 경험하게 된다. 혹시라도 그 빼곡함을 경험해보지 못한 사람 혹은 그 위력을 잘 못 느끼는 사람이 있다면, 그대는 우등생임에 틀림이 없다. 이 빨간 펜의 위력은 수업을 하는 선생님들도 피부로 느낄 것이다. 리포트를 앞에 쌓아 놓고 읽다보면, 선풍기로 날려 보내 채점하고 싶다는 유혹에 잠시나마 빠지곤 하니 말이다. 하물며 그 많은 저서와 논문 발표, 강의와 강연 중에도 이렇게 빨간 펜 선생님 일까지 해내시는 선생님을 떠올릴 때, 도대체 축시법縮時法을 쓰는 도인이 아닌가 싶다.

이기상 교수의 대표 저서 가운데 하나, 1992.

우리 가곡 중에 「사랑」이라는 노래가 있다. '탈대로 다 타시오 타다 말진 부디 마소'로 시작하는 이 노래의 원래 작시 의도는 사랑하다 헤어져 상심해 있던 사람을 위로하기 위한 것이었다고 하는데, 내가 또한 받는 느낌은 당신의 모든 열정을 다 하라는 것이다. 흔히 인생은 마라톤이지 100미터 달리기가 아니라고 한다. 그렇다고 마라톤이 100미터 달리기와는 달리 여유 있는 달리기라는 뜻은 아니다. 오히려 100미터 달리기를 하는 것처럼 혼신의 힘을 다해 달리되, 그 열정을 지속하면서 꾸준히 계속 달려 나가야 한다는 것을 뜻하는 것이리라. 부임하신 그 해부터 오늘에 이르기까지, 선생님의 모습은 마치 최고의 마라톤 선수가 마라톤을 하는 것처럼 언제나 온 열정을 다하여 지치지 않고 뛰고 계신다. 선생님의 열정적인 모습에 종종 주눅이 들어버리기도 하지만, 훌륭한 후학들이 선생님의 뒤를 따라 그 마라톤의 대열에 함께 하고 있다는 것을 생각하면 감격으로 벅차오른다. 선생님은 수많은 저서와 논문, 번역서, 강연과 강의로 수많은 후학들을 길러내셨고, 선생님 특유의 엄격한 원칙을 넘어서는 사랑으로 제자들을 품으셨다.

선생님은 제자와 후학들이 지향해야 할 학자의 모범을 보여주셨다. 선생님의 마라톤에는 많은 동지와 후학이 함께 하고 있다. 함께 하는 이들에게 때로는 무섭게 엄하시고, 때로는 한없이 따뜻하신 모습으로 격려해 주시며, 변함없는 열정을 가지고 자신의 마라톤을 하고 계신다. 선생님을 모범삼아 학자의 길에서 최선을 다하는 후학들을 바라보시며, 어느 날 문득, 선생님께서 축시법을 가르쳐 주시고 하산을 명하실지도 모를 일이다.

존재사유에로의 길 위에서

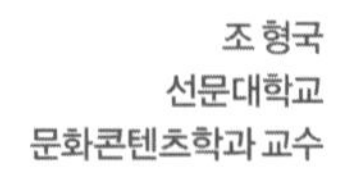
조 형국
선문대학교
문화콘텐츠학과 교수

독일의 위대한 시인, 횔덜린은 이런 말을 한 적이 있다. "근원 가까이 사는 자는 그곳을 떠나기 어렵다." 삶과 마음의 근원! 그 근원세계, 고향세계에로의 초대는 내가 의식하지 못하는 사이에 이미 일어나고 있었다.

나는 1992년 성화대학(현 선문대학교) 신학대학에 입학했다. 신학을 공부하면서 학창시절을 보내며 참으로 많은 고민과 방황 그리고 기쁨과 설렘도 함께 겪었다. 다른 신학대학들에서도 마찬가지겠지만 성화대 신학대학에서 나는 성서신학, 조직신학, 교회사, 설교학 등을 열심히 배웠다. 그런데 나는 개인적으로 1학년 때부터 들었던 (서양)철학개론 수업이 제일 반갑고 재미있었다. 이렇듯 나는 학부시절 신학대학에 다니면서도 철학수업에 그렇게 흥미를 느꼈고 따라서 나름대로 다양한 철학책들을 성서와 더불어 많이 읽으며 시간을 보냈다.

그러다가 자연스럽게 철학과에서의 개설수업인 실존철학, 분석철학 등의 수업을 듣기도 했다. 이후 군대 다녀와서 4학년(1998년)으로 복학을 했다. 그때 지금은 고인故人이 되신 신상희 선생님께서 선문대 철학과에서 실존철학 수업을 하셨다. 그 때 선생님으로부터 처음으로 하이데거에 대해 깊이 있는 강의를 듣게 되었다. 그 당시 선문대 인문외국어대 205 강의실에서 늦은 오후에 수업을 들으며, 지는 저녁노을을 보며, 논리적으로 명쾌하게 표현할 수 없는 그러나 가슴에 와 닿고 마음에 찡하게 와 닿던 그 하이데거의 말. 존재의 빛, 존재의 부름, 인간은 존재의 목동!

철학은 철학함으로 이해되어야 하며, 단순히 이론적 앎만을 뜻하지 않고 실천적 앎[능력, 살아감, 삶]도 함축한다. 철학은 "주어진 상황 속에서 문제해결을 위해 공동체적으로 행위하는 주체들이 전개해 나가는 비판적이고 논증적인 상호이해의 과정"이라고 정의할 수 있다. 이렇게 철학을 철학함으로서 이해할 때 철학의 주체적 연관, 상황적 연관, 실천적 연관이 부각된다. '우리말로 철학하기'는 우리말로 철학해야 하는 우리들이 처해 있는 철학함의 상황 연관과 주체 연관을 강조하기 위해, 이론적 앎과 실천적 능력의 단일성 속에서 공동으로 문제를 발견하고 그 해결을 모색해 나가는 과정으로서의 철학함을 단적으로 표현하기 위한 '화두'이다.

한글 학자 허웅은 우리글 한글의 의의를 이렇게 강조하고 있다. "한자를 빌어 우리말을 적는 데 실패한 우리 '한아비'들은 드디어 독자적인 글자를 만드는 데 성공했으니, 이것이 '훈민정음', 즉 한글이다. 한글 창제의 동기는, 외부 세력에 대해서는 자주 독립을 지키려는 민족주의적 정신과, 국내적으로는 모든 국민이 다 글자의 혜택을 받아야 한다는 민주주의적 사상이 밑바닥이 되어 있다."(허웅, 『한글과 민족 문화』, 교양 국사 총서 1, 세종대왕 기념 사업회, 1974, 3 쪽.) 여기에서 우리 모두가 처해 있는 시대사적 현실을 의식하여 주체적으로 철학하기 위해서는 우리말로 철학해야 한다는 데 대한 충분한 단초를 찾을 수 있다. 우선은 문제

제기의 차원에서 “우리말로 철학하기”라는 표현 속에 함축되어 있는, 다음과 같은 **네 가지 숙고해야 할 점**을 열거해보면 다음과 같다.

첫째로, 이 제목은 우리말에 대한 학문적 정리 작업의 요청과 그것을 마주보는 철학 측의 지대한 관심을 나타내고 있다. 우리 언어의 독특함과 구조적 특성을, 우리 언어가 변천해온 역사가 현대 언어학적·언어철학적 연구 결과에 힘입어 학문적으로 심도 있게 탐구 정리되어야 한다. 인간을 언어의 능력이 있는 존재로 규정하듯이 우리 문화의 태동에 이미 언어적 사건은 전제되어 있다. 의사소통을 가능케 한 대화적 말함의 사건은 우리 역사를 걸쳐 지속적으로 있어 왔겠지만 이것이 글자로 기록되어 본격적인 의미의 문화의 형성을 가능하게 한 것은 훨씬 뒤의 일이다. 글의 형태에서 한자의 도움을 받을 수밖에 없었던 우리 문화는 필연적으로 한자문화권의 영역에서 벗어날 수 없었다. 이제라도 우리는 한자문화권에서 벗어나서 주체적으로 사유할 수 있는 용기를 가져야 한다. 그러기 위해서는 우리말로 철학해야 한다.

둘째로, 우리는 언어와 사유의 관계, 언어와 사상의 연관성을 주목해야 한다. 선조들은 주어진 상황 속에서 문제를 인식하여 나름대로 해결하려고 노력하였고, 그러한 맥락에서 고민하고 사색하여 얻은 결과를 글로 남겨 놓았다. 이렇듯 철학 원전들은 그 자체로 분리되어 따로 놓여 있지 아니하고, 물음, 의심, 주장 또는 확인을 표현하면서 그 행위의 주체와 그 주체가 처해 있는 상황을 전제하고 있다. 인간이 깨닫는 문제의식이란 구체적인 상황과 주관적인 목표설정과 긴밀히 연관되어 있다. 철학적 문제도 항상, 일정한 목표설정에 맞추어 본, 어느 누구를 위한 문제이다. 문제 그 자체, 다시 말해 묻는 사람 없는 물음이란 존재하지 않는다. 따라서 글로써 표현된 철학적 주제나 대상이란 관련된 주체들에서 분리되어 다루어져서는 안 되고 그 당시의 언어적 상황을 간과해서도 안 된다. 이때의 언어는 관련된 주체들 간의 상호이해 가능성의 관점에서 해석되어야 할 뿐만 아니라, 문제의 상호이해라는 목적을 위한 행위로서 이해될 수 있다. 언어는 곧 세계를 보는 인간의 시각이다. 철학의 문제들을 담고 있는 철학적 명제들의 언어적 [해석학적] 상황을 간과하고서는 특정한 사상이나 철학을 올바로 이해했다고 자신할 수 없다. 올바른 한국철학의 정립을 위해서는 주어진 상황에서의 우리말과 사상의 연관성이 학문적으로 깊이 있게 탐구되어야 한다.

셋째로, 언어에 대한 이러한 영향사적 의식을 염두에 두고 우리는 현재 우리들의 철학함의 지평을 열어 밝혀 보려고 노력해야 한다. 이를 위해서는 '우리말'로 쓰이고 풀이한 철학사전, 개념사적으로 연구 조사하여 정리하고 우리의 철학함의 시각에서 분류 해석한 철학사전이 필요하다. 그리고 문제사적 관점에서 주체적 문제 발견과 해결의 과정이 분명하게 드러나는 한국철학사의 정리와 서술이 시급하다. 그리고 우리 고전들을 포함한 모든 철학 원전들의 우리말 번역이 절실히 요청된다.

넷째로 '우리말로 철학하기'는 철학함 자체의 대상[주제] 연관, 주체 연관, 실천 연관의 뗄 수 없는 관련성을 강조한다. 우리의 생활세계에서 우리가 절실하게 부딪히는 문제를 풀기 위해 우리말로 사색하고 모색한 이론으로서의 철학에 관심을 쏟아서 우리의 시대적 아픔과 분위기 그리고 정신을 파악하고 표현한 철학임을 잊지 말아야 한다. 철학을 이렇게 이해할 경우 다른 인문학과의 연계는 필수적이다. 역사학, 국어국문학, 사회학 등과의 공동 작업을 통해 우리말로 학문해 나가는 분위기를 조성해야 한다. 그래서 인문학에서의 '한국화'가 이루어지고 더 나아가 예술에서 '한국화'도 구현되어야 한다.

이기상, 『다석과 함께 여는 우리말 철학』, 지식산업사, 2003.

신상희 선생님께서도 수업 중간 중간에 창밖을 보시며 넘쳐오는 감격과 감동을 참지 못하시는지 잠시 쉬시기도 하셨다. 이렇게 선생님을 만나는 기쁨과 하이데거 철학을 배우는 즐거움을 누리며 지내다 4학년 2학기에 한국외국어대학교 철학과의 이기상 선생님을 알게 되었고 그 분의 책 『하이데거의 實存과 言語』를 읽기 시작했다. 명쾌하게 이해하기는 어려웠지만 그 용어 하나하나에 묻어 있는 왠지 모를 숙고의 힘이 느껴졌다. 그래서 읽고 읽고 또 읽었다. 그렇게 숙고를 하다가 어느덧 한국외국어대학교 대학원 철학과에 입학(1999년)을 하게 되었고 이기상 선생님으로부터 가르침을 받게 되었다. 이 사건은 이후 나의 삶, 나의 존재사유에로의 길 위에로 안착하게 되는 근본적인 힘을 얻게 된 사건이었다. 이후 나는 선생님과 함께한 10여 년의 시간을 통해 석사학위와 박사학위논문을 무사히 마칠 수 있었다.

박사학위를 받던 날 선생님과 함께, 2009년 2월

선생님과 함께 하이데거를 읽으며 나는 철학에 대한 깊은 이해뿐만 아니라 삶의 감각 그리고 생활의 지혜를 함께 나누는 행운을 누렸다. 더 나아가 나는 한국외국어대학교 철학과에서 전공수업 〈형이상학〉, 〈하이데거의 철학〉을 강의하기도 했고 이문배움터에서는 선생님께서 개설하신 〈한국인의 지혜〉라는 수업을 맡아 하기도 했었다. 학문적으로뿐 아니라 생활적으로도 나는 선생님의 사유와 행위의 흔적을 되새기며 나의 존재의미를 만들어 갔다고 할 수 있다. 그래서 나는 이기상 선생님을 뵙게 된 것을 하나님의 뜻이라고 생각하며 선생님의 사유의 흔적들을 여러 사람들에게 알리고 내 공부의 자양분으로 삼아 오고 있다.

내가 이기상 선생님으로부터 한창 배움을 얻을 때는 선생님께서 외부강연을 많이 다니시기도 한 때였다. KBS, EBS, 성천문화재단 등 여러 곳을 함께 다니며 선생님의 강연을 녹음하며 들었다. 녹음한 내용을 풀어내는 과정을 통해 나는 선생님의 하이데거 해석의 눈을 공감할 수 있었고 이후 '우리말로 학문하기'와 '이 땅에서 철학하기' 등에 관한 강연을 통해서는 가슴이 뜨거워지는 철학적 정열과 함께 오늘날 이 땅에서 철학함의 의미에 대해 깊이 있는 통찰을 얻을 수 있었다. 녹취한 강연을 풀어내는 과정은 쉽지 않았지만 지금 생각해보면 그 과정을 통해 내가 글에 대한 감각을 익힐 수 있었던 훈련이 되었던 것 같다.

이렇듯 내 기억에 생생한 선생님의 모습은 학교 안팎을 오가며 학문으로서의 철학과 계몽으로서의 철학을 조화시키는 전형적인 학자의 모습이셨다. 지금은 그러한 모습을 문화콘텐츠학이라는 이름 아래 일관되게 수행하고 계신다. 시간의 옷을 입는 존재라는 관점에서 하이데거의 『존재와 시간』을 해석하셨던 것처럼 지금 이 시대의 옷을 입는 문화콘텐츠라는 관점에서 문화콘텐츠학 정립을 위해 수고하시는 선생님을 대하면서 나는 또다시 어떤 숙연함과 더불어 새로운 힘을 얻는다. 문화콘텐츠학과에 몸담고 있는 연구자로서 세계화 시대에 우리의 존재지혜를 담은 문화이론과 문화콘텐츠학 정립을 위해 더욱 노력해야겠다는 다짐을 한다.

선생님에 대한 회상을 하다가 어느새 나의 새로운 미래를 다짐하고 결단하는 길로 와버렸다. 선생님과 더불어 온 존재사유의 여행은 늘 이런 식이다. 선생님의 지난 삶과 사유의 흔적에 대한 회상은 늘 나의 새로운 미래에로 연결되어 있다. 앞으로도 더욱 건강하신 모습으로 우리들과 더불어 문화라는 바다 위에서 노닐며 새로운 섬을 하나씩 만들어가는 사유의 길을 가시기를 기도드린다.

"철학과에 들어왔으면 공부를 해야지. 철학도의 기본자세는 책과 씨름하고 존재에 대해 사유하는 거네."

1992년 2학년 형이상학 과목 오리엔테이션 시간에 처음 들은 이기상

김성수
한국외국어대학교
글로벌 문화콘텐츠학 박사

하이데거에서 문화콘텐츠로 이어지는 사랑의 노작

교수님의 일갈이었다. 지금도 책장 한편에 꽂혀 있는 형이상학 강의 교재를 볼 때마다 생각나는 말이다. 당시는 90년대 초반, 80년대 학생 운동의 거센 파도가 막 절정기를 지난 시기였지만, 여전히 많은 학생들은 강의실이나 도서관에 있는 것보다는 운동장에 있는 것을 더 선호했고, 운동을 통해 현실 참여를 하지 않으면 과에서 소외당하기도 했던 시절이었다. 필자가 이렇게 한국외국어대학교 철학과 강의실에서 학생으로 교수님을 처음 뵌 것이 벌써 20년 전이다. 시간은 순식간에 지나갔고, 그간 수많은 사건들은 생기고 사라지고 지나갔다.

교수님은 이제 은퇴를 바라보시는 연세가 되셨고 필자 역시 불혹이 넘었다. 예전과 달리 요즘은 모든 게 10년씩 젊어졌다고는 하지만, 낡은 학교 건물은 새롭게 리모델링 되고 있으며, 장롱에 걸려있는 20년 전 필자의 옷은 입기 어려울 정도로 허름해졌다. 그간 정권이 몇 번이나 교체되며 세상이 변했고, 가상 세계로 공간은 확장되었으며 시간은 이전보다 더욱 빨리 가는 듯한 인상을 주고 있지만, 세월의 무게는 예나 지금이나 여전히 지탱하기가 쉽지 않다. 돌이켜 생각해 보면, 오랜 기간이었다는 생각

기고문

올해로 백 돌을 맞이한 함석헌 선생은 늘 "생각하는 백성이라야 산다."고 외쳤다. 우리 민족이 사람은 좋은데 생각하는 얼이 모자란다고 한탄하였다. 그래서 시(詩) 없는 민족이고 철학 없는 국민이며 종교 없는 민중이라고 개탄하였다.

유럽에서 13년이라는 긴 유학생활을 끝내고 80년대 초 귀국했을 때 가장 이상하게 들리던 것은 '생각'과 관련된 사람들의 일상적인 표현법이었다. 모든 사람들이 하나같이 '나는 이렇게 생각한다.'는 긍정적인 표현법을 사용하기를 꺼려했다. '그렇게 보입니다.', '그렇게 생각이 됩니다.', '그럴 것 같다는 생각이 듭니다.' 식으로 이리 돌리고 저리 돌려 능동성은 몽땅 제거하고 애써 수동적이며 피동적인 표현을 하려고 노력하는 듯 보였다. 단정적으로 '어떻다'라고 말하지 않고 애매하고 모호하게 '그런 것 같습니다'라고 말끝을 맺는다.

일상생활에서만 그런 것이 아니었다. 생각하기를 소명과 직업으로 삼고 있다는 철학계, 학문계에서도 상황은 매한가지였다. 스스로 생각하려고 노력은 하지 않고 유명하거나 높은 분이 한 생각을 소개하고 풀어내고 퍼뜨리는 데에만 급급했다. 인용과 해설만이 판을 쳤지 정작 문제 자체와 목숨을 걸고 한판 붙으려는 결전의지는 찾아볼 수 없었다. 인용과 도용[표절]은 종이 한 장 차이다. 우리 학술계에 표절시비가 끊이지 않는 이유가 거기에 있다.

우리들은 모두 '드는 생각'에 익숙해져 있다. "나는 이렇게 생각합니다."라고 당당하게 자신의 생각을 펼치는 것을 우리는 건방진 태도라고 생각한다. 우리는 '생각하는' 훈련이 되어 있지 않다. 내 생각의 주인이 내가 되지 못하고 위에 있는 '큰 형님'이나 또는 익명의 '사람들[그들]'이 될 때, 나는 나의 삶과 나의 세계를 내 뜻대로 주체적으로 꾸려나가지 못한다.

이기상, 「'드는' 생각과 '하는' 생각의 차이」, 2001.9.

만이 들 뿐 실제로는 그리 오래지 않았던 짧은 기간처럼 느껴지기도 한다. 독일에서 약 9년 동안 신학과 철학을 수학하시고 학위과정을 마치신 후 한국에서 하이데거 철학을 해설하시며 일가를 이루셨지만, 이에 머물지 않으시고 계속해서 관심을 넓히시면서 자기 사상의 변혁을 몸소 실천하셨던 교수님에게는 길지만 어쩌면 오히려 더욱 더 짧게 느껴지시는 지난날들의 연속이실 수 있을 것이다.

교수님의 번역서, 연구서, 논문 등은 모두 차곡차곡 일렬로 쌓으면 이미 당신 키 이상의 높이가 되었을 듯도 하다. 『존재와 시간』, 『기술과 전향』 등 하이데거 핵심 저서의 번역을 필두로 해서, '이 땅에서 철학하기', '우리말로 철학하기'와 관련된 다양한 활동 및 다석 유영모의 영성 연구로 이어지는 사유의 노작과 그 결과는 이미 유명하다. 열암학술상과 한국출판문화 번역상 등을 수상하심으로 인해 이 내용은 세간에도 잘 알려져 있다. 일부 후학들은 카멜레온처럼 변하시는 교수님의 이러한 학문적 분위기 때문에 많은 부담을 가지게 되었다는 후문까지 들릴 정도다. 필자 역시 이처럼 끊임없이 계속 변하실 수 있었던 교수님의 열정과 능력에 경외심과 더불어 두려움을 갖고 있다.

제11회 열암학술상(洌巖學術賞) 수상소감(1992.12.05)

하이데거와 더불어새로운 존재의 도래를 예비하며

李 基相(外大, 哲學)

그러한 사유의 전환에 동양적 사유가 한몫을 할 수 있지 않겠느냐는 기자의 질문에 하이데거는 그럴 수도 있을 것이라고 합니다. (건너뜀) 그러나 실제로는 동양측으로부터 큰 기대를 할 수 없다고 합니다. 이유인즉 문제를 문제로서 아는 사람이 해결의 열쇠를 갖고 있기 때문이라는 것입니다. 동양적 사유에 해결의 열쇠가 있다고 하더라도 문제를 문제로서 본 사람이 없다면 도대체 그 열쇠가 지금 우리가 필요로 하는 열쇠인지도 알아볼 수 없다는 말입니다. 그래서 결국 현대의 문제가 그 뿌리를 서양 형이상학에 두고 있으니 문제를 유발한 서양적 사유가 해결의 열쇠도 찾아야 하고 찾을 수 있다는 것입니다.

동양 사람으로서는, 특히나 철학을 하는 사람으로서는 몹시나 자존심 상하는 말임에 틀림없습니다. 저 역시 속으로 몹시 분개했습니다. 그러나 이것은 단순히 감정의 문제가 아닙니다. 그래서 차분히 마음을 가라앉히고 과연 여기서 하이데거가 말하는 "문제를 문제로서 본다."는 것이 무엇을 말하는지, 그리고 "기술과 과학의 시대"의 밑바탕에 도사리고 있는 그 "문제"가 무엇인지를 알아야겠다는 생각이 들었습니다. 저에게 있어 하이데거 철학에 로의 몰두는 이렇게 시작되었습니다.

(건너뜀)

이 상태에서 제가 할 수 있는 일은 제가 공부하며 배우고 깨달은 것을 후학들에게 전해주는 것입니다. 우리말로 하이데거를 읽으며 제가 어렵게 습득한 것을 쉽게 배워 하이데거적인 문제의식을 자기 것으로 소화시킬 수 있도록 하여, 소위 말하는 "자생적 한국철학"을 위한 길을 닦기 위한 준비를 하는 것 말입니다.

하이데거의 80권 가량 될 전집 중에서 우리에게 필요하다고 생각되는

작품들을 매년 한권씩 번역 출판하려는 게 저의 작으면서도 큰 욕심입니다. 그리고 그와 병행하여 이번에 수상의 영예를 안겨준『하이데거의 존재와 현상』과 같은 하이데거 철학에 대한 나름대로의 해설서를 꾸준히 발간하는 것입니다.

누군가는 해야 할 일인데도 그것이 철학의 "창조적"인 작업과 거리가 멀다하여 꺼리고 있는 일을 저는 기꺼이 하려고 합니다. 저에게는 그러한 청조적인 능력이 부족하다는 것을 깨달았기 때문입니다. 그렇지만 그렇다고 자포자기하기에는 우리의 "철학적" 상황이 너무나 열악하기에 저는 열암 선생님의 다음과 같은 말씀을 가슴에 새기며 버둥거려 봅니다. "자연적인 시간의 새 날은 내가 꿈을 꾸며 늦잠을 자고 있어도 저절로 찾아옵니다. 그러나 인간 역사의 새 날은 피땀 어린 노력 없이 저절로 동이 트는 법이 없습니다." (박종홍 전집 VII, 191)

그런데 사실 필자의 두려움은 단순히 교수님의 열정이나 연구 업적 때문에 생겨난 것은 아니다. 90년대 학부 및 대학원 석사 시절 교수님은 학생들 사이에서 호랑이 선생님으로 명성이 높으셨다. 수업시간, 번역이 잘못되었다거나 철학자의 이론이 잘못 서술되는 경우 학생들은 교수님의 호통 및 질책을 피할 길이 없었다. 그 강렬함과 엄함에 놀랐다는 선배들에 대한 소문도 자자했다. 애정을 쏟는 대상에게는 그 만큼 실망도 크게 받는 법이라는데, 바로 이 때문이었을까? 그 뒤로 20여년이 지났으며 필자 역시 선생님이라는 소리를 듣지만, 현재도 교수님을 뵐 때마다 필자의 마음 한 구석에서는 그 때 그 당시의 분위기가 은근하게 현재 진행형이다. 세월이 많이 지나고 학문에 대한 엄격함도 다소 누그러지셔서 부드러워지신 교수님의 예전 원래 모습을 최근의 학생들은 알지 못한다. 다만 지금도 강의실을 울리는 카랑카랑한 교수님의 목소리, 세상 현실에 대해 우려하시다 못해 비판하시는 어조에서 그 자취를 찾을 수 있을 뿐이다. 그 때의 그 열정들은 모두 한국 문화에로 번지수가 바뀌어 있는 듯해 보인다.

그래서 그런지 최근 문화콘텐츠 분야에서 다시 뵌 교수님의 만년 모습은 한글과 우리 문화에 대한 끝이 없는 사랑 그 자체였다. 교수님에게 있어서의 문화콘텐츠는 대중문화라기보다는 한국의 문화이며, 대중을 위한 문화라기보다는 대중에게 호소할 수 있는 우리의 예술 문화다. 교수님은 『콘텐츠와 문화철학 —문화의 발전단계와 콘텐츠』, 『지구촌시대와 문화콘텐츠 —한국 문화의 지구화 가능성 탐색』, 『글로벌 생명학 —동서 통합을 위한 생명 담론』 등의 저서에서 한글 및 우리 문화에 대한 사랑이 어떠해야 하며, 우리 사회가 문화콘텐츠학을 통해 어떤 이념을 갖는 것이 바람직한지를 펼쳐 보이셨다. 유영모나 김지하는 물론, 켄 로치, 빌렘 플루서, 제레미 리프킨 등이 나름의 입장과 방식으로 영성과 소통과 공감에 대해 강조하는 데서 많은 영감을 받으신 것 같았다. 문화콘텐츠학이라는 신생 학문을 통해 교수님은 사회의 평화와 통합을 희망하고 계시는 듯한 눈치다.

하지만 '문화콘텐츠'라는 개념이 생겨난 지 10여년이 지났어도 문화콘텐츠학은 완전히 정초되지 못하고 있다. 학자들은 다양한 문화콘텐츠 작품에 대해 각자의 견지에서 나름의 방식으로 설명하고자 하나, 오히려 대중문화에 대한 아전인수식 해석, 상호 불통 등이 발생하는 경우도 생겨나고 있다. 철학적 시각이나 이론에서 출발하여 문화콘텐츠학에 접근하고자 하는 뜻있는 노력 역시 철학계 내에서는 그리 활발하지 않다. 문화콘텐츠학과 우리 문화에 대한 교수님의 각별한 애정이 문화콘텐츠학에 많은 도움으로 작용하고 있는 이유다. 향후 문화콘텐츠 개념 자체에 대한 심도 있는 논의가 가능할 수 있게 하는 담론의 한 축을 담당하고 계신다는 측면도 있다. 영화, 애니메이션, 공연, 관광 상품 등 각각의 대중문화에 대한 접근은 많으나, 문화콘텐츠 개념 및 내용들의 근저에 반드시 통합적으로 있어야만 하는 이론 연구는 많지 않다. 그러한 까닭에 교수님께 바라게 되는 것이 문화 및 문화콘텐츠 개념과 관련된 이 같은 연구일 수밖에 없다. 후학들 사이에서는 이것이 마땅히 교수님께서 담당하셔야할 몫이라는 데 대한 공감대가 어느 정도 형성되어 있다는 느낌도 있다.

얼마 전 〈인문콘텐츠〉 학회에서 발표하신 「문화콘텐츠 학의 이념과 방향 ―소통과 공감의 학」 은 이러한 맥락의 연장일 것이다. 통합학문으로서의 문화콘텐츠학의 특성, 사이-존재로서의 문화적 인간 개념 등을 강조함에 따라 문화콘텐츠학에 '소통'이라는 면이 무엇보다 중요함을 역설하시는 교수님의 문화콘텐츠학에 대한 철학적 규정은 각개의 문화콘텐츠가 추구해야할 근본 이데올로기를 잘 말해주고 있다. 이것은 그간 교수님이 "문화를 사이-존재로서의 인간이 자연, 사물(사태, 사건), 인간(사회, 민족, 나라), 역사(세계, 우주), 신적인 것(신성)과 소통하는 행위와 거기서 지어지고 꾸며지는 산물"로 보아왔던 관점에 의해 나온 결과이기도 하다. 또한 한국인들이 특히 '사이'에 많은 관심을 가져왔음에 대해 중시하시면서, 한국에서 발현된 문화콘텐츠학에 대해 낙관하시기도 한다.

이 같은 규정과 설명은 모두 문화콘텐츠학을 향한 교수님의 애정 및 애틋한 마음이 외부로 표출된 현존재적인 고민의 산물에서 비롯되었다고 할 수 있다. 그래서 결국 하이데거에서 우리말로, 우리 사상으로, 문화콘텐츠로 이어졌던 교수님의 노정은 '사랑'이었다고 단언할 수 있게 되는 것 같다. 지금 와서 생각해 보면, 20여 년 전의 무서운 호통, 학문을 향한 뜨거운 열정, 현실 세상에 대한 비판, 가정을 대하시는 모습 등에서 공통적으로 뽑아낼 수 있는 공통분모도 역시 사랑이었던 것 같다. 때로는 과격하고 엄밀하게, 때로는 여리고 부드럽게 표현되었을지언정 말이다. 2012년 2월, 교수직을 은퇴하셨지만 이기상 교수님에게는 여전히 이러한 힘과 사랑이 가득하다. 은퇴에 큰 의미를 부여하고 싶지도 않다. 65

년간 축적해 오셨던 교수님만의 노하우가 젊은 학생들의 감성과도 잘 부합되면서 앞으로도 더욱 빛나게 되리라 믿어 의심치 않는다.

이기상 교수님을 추억하며

이 지영
한국외국어대학교 철학과 총동문회 회장(81학번) /
현 월간지 FLORA 대표

열정과 혈기 가득한 40대의 이기상 교수님을 처음 뵌 것이 얼마 전 같은데 벌써 정년퇴임을 맞으신다니 지나간 세월은 참으로 빠르게 느껴진다. 난 이십대에 이기상 교수라는 아주 특별한 선생님을 만났고 그 열정에 반했다. 아직 함께 하며 추억을 만들 시간이 남아있지만 이 작은 책자에 추억으로 남기기 위하여 교수님을 처음 만났을 때의 모습과 교수님을 떠올리며 생각나는 것들을 오래된 기억 속에서 되짚어본다.

이 교수님을 처음 만난 것은 1985년 봄 학기였다. 나는 군에서 잘랐던 짧은 머리가 채 자라지도 않은 2학년 복학생이었고 이 교수님은 10여년을 외국에서 공부하다가 외대 철학과 교수가 되어 한국에 돌아오신 때였다. 신학과 철학을 공부하고 오랜만에 돌아온 이 교수님은 나를 비롯한 학생들의 호기심의 대상이었다. 지금도 당시의 그 카랑카랑한 목소리와 근엄한 표정으로 다소 무섭게 느껴졌던 모습이 잊히지 않는다. 생각만 하면 입가에 웃음이 번지는 일이 하나 있다. 이 교수님은 지금은 최고의 번역자이고 언어도 달변이지만 당시 첫 강의를 할 때만 해도 오랫동안 독일어만 사용한 탓에 한국말 발음이 어눌했고 적절하지 않은 단어를 사용하는 때가 많았다. 잘못된 단어를 사용하셨던 것 중에 지금도 기억에 남는 것은 '도대체'라는 단어다. 이 단

독일에서 공부를 마치고 사모님과 함께 귀국하시는 모습, 1984년

어는 도대체 문맥상 맞지 않는 곳에 자주 사용했었던 생각이 난다. "교수님! 그렇게 심하게 흉보지는 않았습니다. 오히려 그 '도대체'라는 말을 들을 때마다 재미있었습니다."

열정과 진지함. 이것은 이기상 교수님을 생각하면 늘 함께 떠올려지는 두 단어이다. 이제 50대가 된 나는 삶에 임하는 태도로서의 핵심 키워드를 꼽으라면 주저함 없이 '열정과 진지함'을 꼽고 있다. 돌이켜 보면 교수님은 비록 철학 공부를 계속하지 않을, 그래서 어려운 주제들을 잘 받아들이지 못했던 제자들에게도 삶의 여러 모습으로 열정과 진지함이라는 가장 커다란 모범을 보여주셨던 것이다. 뭔가를 진심으로 전달하시려고 하는 열정적인 강의는 사실 그 내용은 잘 모르겠더라도 듣는 나에게 전달되는 에너지가 가득했고, 그것은 참으로 묘한 매력이 있었다. 군에 갔다 오면 대부분 그렇듯이 당시 나는 꽤나 진지했었다. 술집과 서클룸을 오가며 학사경고를 아무렇지도 않게 여기더니 형이상학과 해석학, 현상학, 언어철학, 종교철학 등 지금은 제목 외에는 제대로 생각나는 것이 하나도 없는 그 과목들을 선택하고 강의 시간마다 맨 앞줄에 앉아서 빠짐없이 들었다. 고백하자면 그 내용이 재미있었거나 뭔가 알았기 때문은 아니었다. 도대체 저렇게 열심히 설명하시려는 그것이 무엇일까 궁금하기도 했고 그런 열강을 하시는 교수님에 대한 호기심이었다. 당시 나와 김연훈 군을 비롯한 복학생들 몇 명이 항상 맨 앞줄에 앉아서 보여준 진지한 경청을 교수님께서는 많이 좋아하셨던 것 같다.

하나 더 기억에 남는 교수님의 열정적인 모습의 단면은 여러 사람들 앞에서 노래를 부르실 때의 모습이었다. 자주 볼 수 있는 기회는 아니지만 당시 80년대의 회식 문화에는 한사람씩 돌아가면서 노래를 부르는 것이 있었고 이것은 피할 수가 없었다. 어쩌다가 이런 좌석이 생기고 당신의 순서가 되면 피하지 않으시고 동참하여 노래 부르시던 그 모습을 어떻게 설명할 수 있을까? 그것은 노랫말 하나하나와 음정 하나하나에 감정을 가득 실은 마치 이번 기회가 마지막이라도 되는 것처럼 때로는 얼굴까지 붉게 되실 정도로 최선을 다 하는 열창이었다. 브라보! 진심을 다하여 하는 어떤 일들은 듣는 사람들에게 감동을 준다. 사실 난 이 모습에서 이 교수님의 여러 모습 중에서 가장 높은 점수를 드렸고 교수님이

이기상 교수, 가족과 함께, 87년

인간적으로 좋아지기 시작한 계기가 되었었던 것 같다.

친구들과 함께 송파구에 있었던 교수님 댁을 찾아뵈었던 일들도 생각난다. 맥주 맛이 최상이 되도록 독일에서 가져오신 주석과 도자기로 만든 잔들에 차갑게 따라주셨다. 어디에서도 쉽게 받아볼 수 없는 따뜻한 분위기와 마음이 가득 담긴 정중한 대접을 어떻게 잊을까? 교수님을 생각하면 늘 죄스러운 마음이다. 더 젊었던 시절 사업을 하느라 바쁘다는 이유로 철학과 후배들을 위하여 뭔가 도움이 필요한 순간들을 함께 하지 못했고 또 교수님 인생의 가장 힘들어하셨을 순간들을 함께 해드리지 못했던 것들 때문이다. 그러나 아직 시간이 있다는 것에 감사한다. 이제라도 더 돈독한 사제지간의 정을 나누고 오순도순 더 자주 뵐 기회를 만들겠다고 생각한다.

끝으로 교수님께 말씀드리고 싶다. "감사합니다. 당신이 심어놓으신 열정과 진지함은 많은 후학들과 제자들에게 많은 영향을 주었습니다. 평생 학자로서 또한 교육자로서의 즐거움과 보람이 있으셨겠지만 때로는 그것들이 평생에 내려놓을 수 없는 무거운 짐이 되기도 하셨을 줄 압니다. 이제 남은 시간들은 무거운 짐들은 내려놓으시고 즐거움만 가득하시길 바랍니다. 더욱 건강하시고 오래 제자들에게 더 많은 영향을 끼쳐주세요."

고맙네 이 군, 아니 동문회장님! 이기상 올림

두 번의 결혼식과 한 번의 장례식

신 정아
방송작가 / 한국외국어대학교
글로벌 문화콘텐츠학 박사과정

여의도 방송가에 회자된 '이쁜 정아'

1998년 대학원을 졸업한 후 나는 동북고등학교 사회과 강사가 됐다. 그리고 1년 후, 나는 교사의 꿈을 접고 여의도를 선택했다. 철학교사의 희소성과 방송작가에 대한 동경 사이에서 고민한 결과였다. 하지만 현실은 냉혹했다. 석사 출신에다 교사 경력까지 보태진 나는 정글 같은 여의도의 법칙에 쉽게 적응하지 못했다. 근로기준법에서 정한 최저임금 수준 정도의 임금을 받고 주말, 공휴일, 명절과 무관하게 살아야 하는 것은 기본이고, 밤샘 작업과 심부름은 온전한 내 차지였다. 나이 어린 선배에게 모욕적인 행동을 당하거나 억울한 누명을 뒤집어쓰기도 했다.

당시 내가 일했던 프로그램은 〈추적 60분〉. 하루에도 10여 차례씩 걸려오는 제보자들의 전화는 살인사건, 정신병원 감금, 부동산 사기사건 등 20대의 내가 감당하기에 어려운 문제들이었고, 내 임무는 그분들의 이야기를 끝까지 들어주고, 꼼꼼하게 기록하는 것이었다. 대학원에서 배웠던 철학적 인간, 문화적 인간의 개념은 차츰 흐려지고 하루하루를 전쟁처럼 견뎌야 하는 나날들이었다.

그렇게 꼬박 2년을 막내 작가로 생활하던 나는 2001년 초 결혼을 하게 됐다. 대학원 후배이자 고등학교 교사였던 지금의 남편과 상의해서 이기상 교수님을 주례로 모셨다. 결혼식장이 여의도에 있던 관계로 프로그램

제작팀과 방송 아카데미 동기들이 다 모이게 됐다. 드디어 주례사가 시작됐고, 교수님의 진지한 말씀을 경청하던 방송국 지인들이 갑자기 박장대소를 터뜨렸다. 주례사에 등장한 '이쁜 정아'라는 표현 때문이었다. 평소 허름한 셔츠에 청바지 차림으로 제보전화에 매달리고, 작가들 시중드느라 혼이 빠진 막내작가 신정아만 보던 피디와 작가들에게 '이쁜 정아'라는 표현은 상상조차 할 수 없었던 것이다. 지금도 가끔 여의도 작가들 사이에서 회자될 정도로 충격(?)을 안겨준 '이쁜 정아'. 하지만 내게는 참 눈물겹고 감사한 추억이다. 인간에 대한 회의, 사회에 대한 실망, 관계에 대한 두려움으로 가득 찼던 그 시절, 아직 '작가'라는 타이틀도 없이 밑바닥에서 펄떡이던 내게 교수님의 주례사는 따뜻한 격려이자, 힘이 되어주었다.

삶과 죽음의 갈림길에서 통곡하던 사이존재

첫 아이 출산 후, 2002년 MBC 〈심야스페셜〉이라는 다큐멘터리로 본격적인 작가 세계에 입문한 나는, 가족도 친구도 돌아볼 틈 없는 나날들을 보냈다. 그해 겨울부터 국내 최초 장애인과 비장애인 통합 퀴즈 프로그램을 기획, 제작하면서 전국 각지를 돌아다니며 녹화를 해야 했기 때문이다. 그 사이 교수님 역시 국내 최초로 일반 대학원에 문화콘텐츠학과를 시작하시면서 분주한 나날들을 보내고 계셨다.

분주한 세월이 흘러가던 중, 교수님을 다시 뵙게 된 건 2007년 서울의 모 병원 장례식장에서였다. 사모님이 돌아가신 것이다. 해마다 연초가 되면 정성껏 차린 식탁으로 제자들을 초대하셔서 햇살같이 웃어주시던 분. 선생님 뒤에서 언제나 그림자처럼 내조하시던 사모님. 장례식장을 찾아가면서도 어떻게 교수님 얼굴을 뵈어야 할까 싶어 병원 앞에서 한참을 망설이고 울음을 참았다. 그때 마주했던 교수님의 얼굴은 이전까지 한 번도 볼 수 없었던 표정, 삶의 반쪽이 무너져 내린 참담함 그 자체였다. 무어라 드릴 말씀을 찾지 못해 안절부절 하는 제자에게 손을 내밀어 악수를 청하시던 교수님. '고맙다'는 말 한 마디에 실린 슬픔과 안타까움의 무게. 지금도 그 순간을 생각하면 가슴이 한 켠이 찡하다.

그러나 더욱 안타까운 건 사모님 떠나신 얼마 후에 들려온 교수님의 대장암 발병 소식이었다. 대학원 이은주 선배의 살뜰한 연락 속에 모처럼 철학교육과 선후배들이 모여 교수님을 찾았다. 안주인이 없는 휑한 석촌동 집에서 우리를 맞아주시던 교수님. 오랜 시간 생명학을 공부했지만 정작 몸을 돌보는 데엔 소홀했던 것 같다며 시골살이를 계획하고 계신다고 말씀하셨다. 선생님의 새로운 계획 덕분에(?) 석촌동 벽을 가득 메웠던 책들은 제자들 차지가 됐다. 이제는 공부보다는 삶에 더욱 충실해야겠다며 원하는 책을 골라서 가져가라는 말씀에 난 주저없이 20권 가까운 책을 챙겨서 돌아왔다.

그 후 교수님은 대학원 김기옥 선배가 살고 있던 괴산군 칠성면에 작은 농가를 구입하셨고, 나는 2008년 동북고등학교 선생님들과 화양구곡 답사를 거쳐 교수님댁을 방문했다. 독일식 화장실과 편안한 거실 분위기가 선생님 지내시기에 불편함은 없어 보였다. 단지 적적한 공기가 안타까워 돌아서는 발걸음이 조금은 무거웠다. 나무 울타리에 정겨운 인사말을 남기고 떠난 후, 2009년 초, 나는 우연한 기회에 혼자서 교수님댁을 방문해

열린 대문, 소식을 기다리는 우편함.

서 군자사와 괴산호를 산책하는 시간을 갖게 됐다.

당시 교수님은 오후 1시간 반 정도의 산책을 낙으로 삼으시며 운동에 재미를 붙여가던 시절이었다. 당시 겨울 산길을 함께 걸으며 나누었던 이야기 중 가장 기억에 남는 것은 돌아가신 사모님에 관한 추억이었다. 큰아들이 구해다 준 가요 CD를 들으며 익힌 솜씨로 사모님의 무덤가에서 노래를 불러주셨다는 이야기였다. 지금 기억으로는 김종환의 '백년의 약속'이었던 것 같다.

살아 계실 땐 가요를 즐겨 듣거나 불러본 적 없으신 교수님께서 사모님

김종환 '백년의약속'

내가 선택한 사랑의 끈에
나의 청춘을 묶었다
당신께 드려야할 손에 꼭
쥔 사랑을 이제서야 보낸다

내 가슴에 못질을 하는 현실의 무게 속에도
우리가 잡은 사랑의 향기 속에
눈물도 이젠 끝났다

세상이 힘들 때 너를
만나 잘해주지도 못하고
사는 게 바빠서 단 한번도
고맙다는 말도 못했다

백년도 우린 살지 못하고
언젠간 헤어지지만
세상이 끝나도 후회
없도록
널 위해 살고 싶다

삼십년쯤 지나 내 사랑이
많이 약해져 있을 때
영혼을 태워서 당신
앞에 나의 사랑을 심겠다

백년도 우린 살지 못하고
언젠간 헤어지지만
세상이 끝나도 후회
없도록 널 위해 살고 싶다

이세상에 너를 만나서
짧은 세상을 살지만
평생 동안 한번이라도 널
위해 살고 싶다
널 위해 살고 싶다

을 위해 목 놓아 불러주며 눈물 흘리셨다는 말씀을 들으며 삶과 죽음, 만남과 이별, 사랑과 그리움 사이에서 참 많은 고뇌와 참회를 하는 인간 이기상의 모습을 마주하게 됐다.

지난한 생(生)과의 사투, 문화콘텐츠 학의 깃발을 꽂다

2010년 나는 다시 대학원으로 돌아왔다. 작가 생활 10여 년 동안 바닥난 지식도 채우고, 곧 다가올 마흔 살 이후의 삶을 새롭게 디자인하고 싶다는 생각에서였다. 철학이 아닌 문화콘텐츠학을 선택하게 된 건, 지난 시간 교수님과의 소통이 큰 역할을 했다. 문화를 통한 소통, 미디어를 통한 사이하기 등 교수님이 그동안 연구하신 분야는 바로 내가 몸담고 있는 방송이 지향해야 하는 바이기도 했다.

박사과정 학생으로, 교수님의 제자로 지내던 어느 날 교수님께 전화 한 통을 받았다. 새로운 가정을 이루시게 됐다는 소식이었다. 그 사이 교수님은 건강도 많이 회복되셨고, 표정도 한층 밝아지신 모습이셨다. 혼배 성사에 참석하면서 참 감사하다는 생각을 했다. 교수님 곁에 좋은 분을 보내주신 하나님께. 아직도 청년 같은 학문에 대한 열정을 지니신 교수님께서 사모님과 함께 오래도록 건강하고 행복하게 삶을 꾸려 가시기를 간절히 바라는 마음이다.

2012년은 교수님께서 정년퇴임하시는 해다. 지난 3월 24일 글로벌 문화콘텐츠학과에서는 교수님께 논문 헌정과 고별강연을 하는 자리가 마련됐다. 강연의 주제는 '문화는 소통이다'였다. 시대의 산물로서의 문화가 아니라 과정으로서의 문화, 그 문화를 만들어가는 가능존재로서의 인간,

감성과 이성, 지성과 영성이라는 네 가지 차원으로 통합(通合)하는 사이존재의 소통 방식을 연구하고, 집대성한 교수님의 말씀은 지금도 그렇지만, 앞으로 내가 하고자 하는 콘텐츠 기획에 있어 중요한 깃발이자 이정표가 될 것이다. 문화콘텐츠 학을 열어 밝히고, 학문적 토대를 구축하기 위해 지금 이 시간도 책과 논문을 붙들고 계실 우리 교수님께 이 자리를 빌려 다시 한 번 깊은 감사와 존경을 보낸다.

뒤돌아보면 추억은 언제나 구체적인 것은 아닌 듯싶다. 때론 흐린 사진 한 장과 같은 기억. 그러나 그것이 전체인 듯이 메워버려 사람의 마음을 허전하게 만들게 하기도 한다.

송 은희
교육대학원 철학교육전공 졸업

'괴산 8경' 사진 속에서

3월의 이른 아침에도 눈이 내린다. 하늘에서부터 내리는 첫눈의 설렘과는 달리 기를 쓰고 겨울에 대한 인상을 잊지 말라며 흩뿌리다 이내 쌓이기까지 하는 고요한 새벽아침이다. 분명 나는 파랗게 이마를 내민 새순을 확인하고 이제 봄이 되었음을 절실히 느꼈는데.

교수님은 대장암 수술을 받으시고 충북 괴산 어느 작고 평화로운 마을의 주민이 되셨다 했다. 홀로 지내시며 일주일에 두 번 수업을 위해 올라오시는, 그 시절의 교수님은 지금 떠올리고 있다.

교수님을 뵈러 가는 길에도 날씨는 제법 찼던 것 같다. 그러나 봄의 기운이 가득한 들녘을 지나 산을 바라보고 또 그 산자락 같은 작은 언덕에 선생님의 아담한 집이 있었다.

대학원 시절 언제나 어렵게만 느껴지시는 모습과는 달리 멀리서 내려온 제자들을 반기시는 모습에 나는 솔직히 놀람과 더불어 아련한 쓸쓸함을 느꼈다. 동네 아이들이 가끔 기웃거리다가 교수님과 노래를 같이 불렀다는 그 집에서 간단한 식사를 마치고 산책을 했다.

아담한 집

고요한 괴강에서 낚시하는 낚시꾼

병풍처럼 둘러싸인 산과 호수를 안내하셨을 때 나는 이렇게 고요한 호수가 하늘아래 이렇게 겸허하게 존재해 있다는 사실에 놀라지 않을 수 없었다. 겨울을 이겨내고 있는 언 호수에도 햇살은 봄처럼 맑고 청명했다. 호수를 내려다보는 일행모두 잠시 멈춰있었다. 교수님은 그곳을 '괴산8경'이라 하셨고 우리 일행 모두 너무나 공감하였다.

이기상 교수님께서 꼽으신 괴산8경
괴산 호수, 산막이옛길, 군자산, 군자사,
벽초홍명희시비, 천년사찰 각연사,
쌍곡계곡, 괴산장터 가운데 하나인 홍명희 시비

다시 교수님은 어느 작은 들녘을 끼고 약간의 오르막길을 올라 풍경소리가 들리는 절로 발걸음을 옮기셨다. 뒤따라가는 내내 나는 이 작은 마을과 교수님이 바로 하나의 사진처럼 내 머리에 지금도 남아 있다.

소박한 들녘에 서 계시던 뒷모습…. 강의실과 세미나실, 교수님연구동에 계시던 그 어렵고 진중한 모습이 아니라, 그저 제자들에게 무언가 이 자연이 느끼게 해주는 초라하지 않는 경이로운 자태를 몸으로 느끼게끔 몇 발자국 먼저 그 들녘을 오르시던 모습….

군자사의 모습

그때 어디선가 들리는 풍경소리, 바람은 조용히 그곳을 안내해 주었고 나는 인적이 드문 그 절에서 바람과 또 같이 계시던 스승의 모습을 다시 보게 되었다. 낯설고 어색한 시골 마을에서 이미 그곳을 사랑하시고 아끼시는 이야기를 들으며 그렇게 비워져가는 모습이 참 아름다워 보였다 .

그리고 교수님은 그 길을 매일 산책하신다했다. 마치 칸트가 정해놓은 시간 속에서 일정한 발걸음을 옮기듯이 교수님의 일상도 이미 그 시간을 채우고 계신듯했다.

그렇게 쓸쓸한 모습을 뒤로 하고 우리일행은 다시 서울로 가야할 시간이 되었다. 작은 언덕에 서 계시던 모습, 제자들을 배웅하시며 따뜻한 미소로 손을 흔드시던 모습, 차창 밖에서 아주 작게 멀어지던 그 장면이 지금도 한 장의 사진처럼 부동의 네모난 기억으로 남아있다.

안부 인사조차 서툰 제자, 그렇지만 그 시절 모든 걸 품고 계셨던 교수님이시기에 감히 추억을 떠올려 본 행복한 아침이다. 흩뿌리던 눈은 쌓이는 듯 하더니 벌써 녹고 있다. 아니 따뜻한 아침햇살에 부서지고 있다. 지금 교수님은 따뜻한 봄 햇살처럼 그곳 '괴산8경'에서 웃고 계시겠지….

▸ 우리말로 학문하기 모이미의 글

오세영 화백의 그림

정년퇴직자의 나날

이기상 교수의 정년퇴직을 생각한다

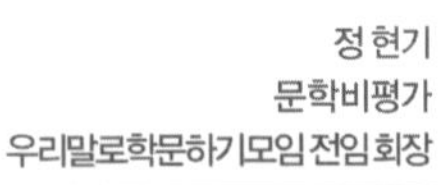
정 현기
문학비평가
우리말로학문하기모임 전임 회장

나는 대학교 교수직에서 정년퇴직을 한 지 5년을 넘기고 있다. 어느 대학교 교수였다는 이름 하나만 달랑 메고 이 허허벌판엘 나와 보니 그것 참 고약하기가 짝이 없다. 월급은 나오지 않지, 신용대출 길은 다 끊기지, 제자 발길들 끊어지지, 동료 교수들은 등만 보이지, 벗들도 따지고 보니 그동안 모아 지닌 재산등급 따라서만 만나지, 그러니 모은 것 없이 그냥 퇴직한 교수란 꼭 끈 떨어진 뒤웅박 신세다. 이 시대에 뒤웅박이 뭔지 아는 사람도 드물겠지만, 그게 두 손바닥 웅크려 맞댄 한 움큼만 하게 나무를 파 물그릇으로 만든 물건인데, 손잡이 꼭지에 가는 구멍을 뚫어 끈을 댄 다음 괴춤에다 찰 수 있도록 만든 물그릇이다. 표주박이라고도 하는 물건으로, 고만한 크기의 조롱박으로 만든 것도 있지만, 그건 깨지기가 쉬워 나무 표주박이 더 튼튼하고 좋다. 여로에 지친 객이 마을 우물가에 가면 이것으로 물을 떠서 목마름을 풀곤 하였겠다. 하긴 김삿갓쯤 되는 파락호 과객이라면 먹을 갈아 글씨라도 쓸 때 먹물 떠올 그릇으로도 안성맞춤이었을 터이다.

그런데 그게 끈이 떨어지면 몸에 지니고 다닐 수가 없게 된다. 인생이란 한 파람 짧은 여로가 아닐 것인가! 퇴직 교수 꼴새란 바로 그런 것이다. 끈 떨어진 뒤웅박, 퇴직한 대학교수! 삶의 주류 물결 위에서 북 치고 장구 치는 듯이 착각하는 옛 동료나 후배들이 퇴직한 교수를 안쓰럽게 바라보는 그 눈빛처럼 참 고약한 것도 드물다. 저들도 조만간 이런 신세로 떨어지고 말 터인데, 하하하, 하하하, 그들도 예전의 나처럼 어깨에 바람을 빼지 못한다.

평화방송 명사특강 "설빔 입은 성모 마리아 : 세계화 속의 한국화"(2001.01.26.)에서 이 기상 교수가 소개한 김지하의 시 「나이」

나이 먹는 것
차츰 쓸쓸해지는 것
혼자서 우주만큼 커져
삼라만상과 노닐도록
이승에선 그렇게 외로워지는 것.

김지하, 『중심의 괴로움』, 솔 1994.

나이 예순 다섯이 되면 대학교 교수직에서 정년을 맞아 퇴직하게 되어 있다. 대학교수란 먼저 학문의 길에서 오랫동안 책 읽고 연구하며, 뭔가 탐구한 내용들을 글로 써내었거나 실험결과들을 공개해 온 사람들이다. 학문적인 연조가 아주 깊은 사람도 경우에 따라서는 대학교에서 학생들을 가르치는 일 말고 다른 연구소에서 연구를 할 수도 있다. 대학교수란 또한 직업이기 때문에, 그 직장에서 주는 연봉으로 생활을 꾸리는 사람들이다. 학자들이 스스로 밥을 벌어 연명한다는 것은 자본주의 사회에서 아주 어려운 형편이다. 자본을 손에 쥔 누군가가 있다면 거기 매달려 사는 사람들은 의례 그들의 조종에 따를 수밖에 없다. 자본주의가 그래서 악마의 발톱으로 인식되는 까닭이다.

기고문

경쟁의 논리는 양의 가죽으로 위장한 늑대의 생존법칙이다. 그것은, '모든 사람이 모든 사람에게 늑대가 되는' 무자비한 약육강식의 피비린내 나는 법칙을 보기 좋게 포장한 것이다. 그것은 결국 자기가 살아남기 위해 남을 짓뭉개 종국에는 죽여 버리는 **'죽임의 논리'**이다. 새 천년 인류가 지구마을이라는 공동체를 평화롭게 일구며 살아나갈 수 있는 삶의 문법은 결코 '경쟁'과 그를 구실로 삼은 '죽임'일 수 없다. 나도 살고 너도 살고, 우리 모두가 다 함께 더불어 사는 '살림'의 논리를 찾아야 한다. 인간만이 아니라 이 지구 위의 모든 생명체가 다 함께 생명의 공동체를 이루며 평화로이 살아갈 수 있는 '**지구 살림살이**'의 묘책을 찾아야 한다.

2천 년 전 **예수 그리스도**께서 이 지상에 오셨을 때 5% 가량의 가진 자, 힘 있는 자, 왕족, 귀족, 성직자들의 노고를 치하하기 위해 오셨던가? 오히려 이들에 의해 짓눌리고 핍박당하면서 짐승만도 못한 삶을 살아가고 있었던 95%의 백성들에게 하느님의 자식이라는 품위를 되찾아주기 위해서가 아니었던가. 그리스도의 복음이 전 세계에 전파된 지금, 하느님의 종이라고 자처하는 그리스도교인들이 세상의 주도권을 쥐고 있는 지금, 세상은 다시 이들 10% 가량의 '선택된 자'들에 의해 유린되고 있다. 그들은 자유와 평등을 앞세우며 능력이 없으면 굶어죽는 것은 당연하다는 논리로 무장하고 시장 자본주의 법칙을 앞세워 국가, 이념, 종교의 벽을 부수고 전 세계를 초토화시키며 누비고 다닌다. 그들이 지나고 간 자리에는 경쟁, 반목, 질시, 사기, 암투, 조작이 판을 치게 되어 순하고 착한 서민들의 심성은 갈가리 찢기어 삶의 의욕마저 잃어버리고 만다. 선진국들이 저질러놓은 참상은 아프리카 대륙을 보면 알 수 있다. 그들은 살기 좋은 지상의 낙원을 물질문명으로 오염시켜 욕망의 쓰레기통으로 만들어버렸다.

(건너뜀)

사실 해결책은 아주 가까이 있다. 그렇지만 모두 '경쟁, 편의, 풍요, 쾌락, 소비'를 노래하며 그렇게 사는 것만이 인생을 즐기는 멋진 삶이라 생각하고 있기에, 그것을 다르게 생각하면 처음부터 뭔가 손해보고 들어가는 듯한 느낌이 들고 주위 사람들로부터 비정상인 취급을 받는다. 삶에 대한 잘못된 태도를 고쳐야 한다. 그래서 삶의 방식을 바꿔야 한다. 그 길만이 너와 나, 우리 모두, 이 지구 위의 모든 생명체가 더불어 잘 살 수 있는 길이다.

이제 우리는 '**소비는 미덕이다**'라는 말을 던져버려야 한다. 오히려 이제부터는 '절약이 미덕이다', 아니 '**절약만이 살길이다**'를 외치며 알뜰살뜰한 살림살이를 꾸려나가야 한다. 그래야만 이 지구와 더불어 우리 인류가 또 한 번의 새 천년을 맞이할 수 있을 것이다.

물론 그것만으로는 부족하다. 우리는 마더 테레사의 '없이 산' 삶의 본보기를 우리 것으로 만들어야 한다. 그리고 '나눔 없이 평화 없다'라고 말한 마더 테레사의 충고를 깊이 새겨들어야 한다. '경쟁의 논리'가 10%의 가진 자들을 위한 삶의 논리라면, '**나눔의 살림살이**'는 지구마을의 시민 모두뿐 아니라 지구 위의 모든 생명체가 평화로이 함께 살아갈 수 있는 유일한 '더불어 삶의 원칙'이다. (줄임)

이기상, 「삶의 전환을 요구하는 시대의 징표들」, 『성서와 함께』(306호), 2001년 9월.

독일 쪽 사회학자 막스 베버는 「직업으로서의 학문」이라는 글 앞머리에서 학문을 하려는 사람들에게 '재산이 있느냐'는 것을 자주 묻곤 하였다. 월급 말고도 집안 식구 먹여 살릴 밑천이 있느냐는 것이었다. 그렇지 못할 경우란 지식 노예로 나가떨어질 뿐이라는 걸 그는 잘 알고 있었던 것이다. 한국의 학자들과 대학교수들은 대부분 물려받은 재산을 별로 갖지 못한 사람들이다. 그들은 배움 길에 나아가(이들이 대학교 과정, 대학원 과정 동안, 코 퀜 마소처럼 학교 재단에 가져다 바치는 등록금은 또 얼마나 많은가?) 어느 정도 학문적 성취를 이룬 다음에 대학교수가 되는 길로 나가는 것이 대부분이다. 그래서 대학교수직을 그만 둔다는 것은 그야말로 가난 길로 내쫓기는 것과 다르지가 않다. 그러나 같은 신세의 코 꿴 후학들이 밀려오므로 자리는 내놔야 한다.

군부독재 시절에 나는 강제 해직되어 7 여 년 동안 학생들을 만나지 못한 때가 있었다. 정년을 마친 나의 스승 연민 이가원 선생께 어느 해 세배를 갔다. 스승께서 내게 묻는다.

'정 박사! 정년퇴직을 한다는 게 뭔지를 아나?' 고개를 숙이고 나는 모른다고 답하였다. '그건 죽음에 버금가는 그런 고통이고, 나는 지금 그런 신세일세! 하지만 정 박사는 때가 오면 복직이 될 터이니 너무 버거워하지 마시게!'

이런 위로가 가슴을 치던 그런 뒷시절, 나는 복직의 달콤한 여로를 끝내고 나니 어느덧 정년이다. 눈 떠 보니 퇴직의 너럭바위 위로 벌렁 나가 떨어져 있다. 드디어 연민 스승이 말씀하시던 그런 죽음 버금가는 외로움 마당에 나앉았게 된 것이다. 그래도 마음 깊은 사람들은 진정어린 눈빛으로 위로한다. 이제 쉬엄쉬엄 글이나 쓰고 즐거운 여생으로 지내시게!

하지만 글은 써서 어디다 발표하나? 누구도 퇴직한 교수에게 글 부탁은 하지 않는다. 예전의 팬이라던 젊은 여인들도 눈동자가 딴 곳으로 향해 있다. 원형이정, 봄과 여름 가을 겨울로 바뀌는, 너무 뻔한 삶의 이치가 내 몸에 떨어진 것이다. 퇴직한 사람이란 이미 이용값이 뚝 떨어진 꼬부라진 늙은 오이와 같다. 카프카가 던진 말 가운데 자기를 두더지에 비유한 말이 있었다. 두더지! 땅굴을 파며 열심히 쑤시고 쑤셔 지렁이고 땅강아지고 닥치는 대로 잡아먹다가 머리를 위로 들면 흙만 머리에 가득 얹히고 눈은 멀어 하늘 길은 아득하다.

이게 정년퇴직자의 나날로 향한 문이다. 이럴 때 할 일, 아니 할 말이 있다. '듣고 말하는 사람이라는 뜻글 성인聖人-이 글자에는 귀와 입이 있다. 듣고 말한다는 뜻이다.', 세상이나 자연과 막힘없이 소통하는 마음 열기! 성인이 뭐 별 것인가? 그렇게, 진짜 학문의 길로 나아가는 것이 퇴직자가 해야 할 일이다. 나는 요즘 이른바 성인이라는 이들에 대해 꽤 깊이 생각한다. 공자 얘기도 그 가운데 하나였다. 영산대학교 교수로 이름을 찬 배병삼이 풀어 쓴 『논어, 사람의 길을 열다』는 책을 나는 안 핑친이 쓴 『공자평전』과 같이 읽었다. 『논어』이야기에 이런 구절이 있다.

> '자리나 지위란, 스스로 한 분야에 전문가가 되면 얻게 되는 것이다(논어 4:14)' 말하자면 학자가 되고 나면 교수가 되기도 하는 법이다. 그러나 교수가 되려고 들면 학자가 되지 못한다. 학교 행정이나 보직 곁을 기웃거리면서 결코 학문의 노른자에는 들지 못한 채 주변적 존재로 살 수밖에 없는 터다. 맹자의 어법을 빌자면 '교수'는 인작(人爵), 곧 사람이 만든 자리요, 학자는 '천작(天爵)', 곧 하늘이 준 자리다. 맹자도 옛날 사람들은 천작을 행하다가 인작을 얻었는데, 근간에는 인작을 꾀하느라 천작을 해친다고 개탄한 바다(「맹자」6A:16)
>
> 사계절, 2011년 판

대학 교수직이란 그냥 직업이었을 뿐, 그 자신의 진짜 명예나 학술적 깊이와도 별 관계가 없는 덧옷이었을 뿐이다. 예전 서양 법관들이 꾸민 법좌에 앉은 꼬락서니를 잘 생각해 볼 일이다. 남들 눈을 어지럽히기 위해 꾸민 가발에다가, 울긋불긋한 옷차림들, 가히 꼴불견이 그 꼴새라고 나는 읽었다. 교수직도 따지고 보면 대강 그렇다는 게 내 생각이다. 월급도 주고, 신용도 보장하고 제자들도 웃으며 따르고, 어디 가든 사람들이 공손하게 대하는 따위 이 모든 것은 다 쇠심줄 같은, 세상 권세나 기득권패들의 노림수에 의한 특권 누림의 한 혜택이자 곧 발목잡이 덫이었던 것이다.

무슨 소리냐고? 각 대학교 설립 목적들을 곰곰이 잘 따져 볼 일이다. 게다가 나이가 예순 다섯이 넘으면 기력도 전 같지 않아 움직임도 느리고 생각도 번개 뒤나 따르는 우렛소리일 뿐이다. 그러니 퇴직자는 느릿느릿 걸으며 생각도 더욱 깊이 하고 미처 돌보니 못했던 아내와 손잡고 시원한 들판이라도 걸으며 삶을 말하고 복과 불행도 이야기하면서 이웃 사람들에 대한 덕담이나 골라, 골라 나눌 일이다. 행여 아내들이, 권좌 비슷한 교수직에 있었을 때, 손잡고 외국 여행이라도 시켜주길 바랄지도 모른다. 그렇게 여행이나 즐겼다면 그건 꼴불견이다. 덜 익은, 뭔가 유치한 속물처럼 보이지 않던가? 몸과 마음의 짐들을 다 내려놓은 다음, 쓸쓸한 들길을 걸으며, 거기 쓸쓸해 보였던 들판 사물들에게 마음을 연 웃음으로 축복을 뿌린다면, 그 또한 삶이 가뿐한 뜻으로 바람결 타고 흐르지나 않을 것인가!

"눈치·恨·핑계… 학문 용어 될 수 없나"

'우리말로 학문하기' 중견학자 16명 첫 토의

'총론에서 각론으로'.

10월 27일 발족한 '우리말로 학문하기 모임'(회장 이기상 한국외국어대교수)이 첫 집담회를 열었다. 지난 1일과 2일 경기도 광릉수목원 내 광림세미나하우스에서 열린 이날 집담회에는 임원진 16명이 참석해 분야별 현황과 앞으로의 방향에 대해 입장을 밝혔다.

행사에는 이기상 교수 오세영(숭실대 화가) 최상진(중앙대 심리학) 노동은(중앙대 국악) 신승환(가톨릭대 철학) 백종현(서울대 철학) 정현기(연세대 국문학) 유재원(한국외국어대 언어학) 임재해(안동대 민속학) 최봉영(한국항공대 한국학) 한규석(전남대 심리학) 이승환(고려대 철학) 이진오(부산대 한문학) 김유중(한국항공대 국문학) 교수와 지식산업사 김경희 대표, 큐레이터 이섭씨 등이 분야별로 제기되는 '우리말로 학문하기' 실태를 발표했다.

첫날에는 '우리 것, 한국적인 것이란?'(백종현), '우리말이란?'(이진오) 등 우리말의 범위를 어떻게 규정할 것인지에 관한 논문들이 발표됐다. 둘째날 '한국회화의 반성'(오세영), '한국인의 심리탐구의 문제'(최상진), '민속학의 현주소'(임재해), '국문학에서 우리말로 학문하기의 문제점'(김유중), '문학이론의 식민지화'(정현기) 등 분야별 실태가 보고됐다. 외래어에 압도당한 우리 학문 현실에 대해 '심리학도?' '민속학이나 국문학까지?'라는 반응을 보이다 결국 "어쩌다 우리 대학이 이 지경이 됐나"라는 탄식까지 나왔다.

철학에서는 종래에 '주체'라고 번역돼 온 용어를 '나'로 바꿨을 때 제기될 수 있는 문제들이 주로 검토됐다. 번역어인 '개인' '주체' '자아' 등과 순우리말 '나'의 의미관계를 제대로 해명하는 데서 '나'의 철학이 가능할 것이라는 입장에 대한 토의였다. 심리학의 경우 우리만의 토속적 현상인 눈치·한·핑계·정 등의 현상까지 외래 심리학용어를 사용하거나 아니면 설명불가능하다는 이유로 무시함로써 빚어지는 '우리 심리학의 불모성' 문제가 지적됐다.

동양철학과 한문학자들에게는 '퇴계와 율곡이 우리말로 철학을 했다고 봐야 하는가'의 문제가 토론거리였고, 그 바람에 현재 일부 학계에서 과도하게 사용되고 있는 한자 용어들을 '우리말에 포함시킬 수 있는가'가 추가 쟁점이 됐다. 이날 발표된 16편의 논문을 정리해보면 '우리말로 학문하기'는 ▲기존의 왜곡된 연구실태에 대한 조사보고 ▲분야별 우리말 기초개념 정립 ▲'한국적인 것'의 범위에 대한 학제적 연구 ▲분야별 대안제시 등이 향후 이 모임이 나갈 방향임을 예고했다.

그러나 기존의 열악한 우리말 학문하기 현황 진단에는 쉽게 동의했지만 '우리말로 학문하기'를 정확히 어떻게 규정하고 공유할 것인지에 대해서는 아직 의견차이가 존재하는 듯했다. 순우리말 발굴에 비 을 두는 입장과 가능한 한 우리말 쓰자는 온건론의 차이가 우선 두 러졌다. 한자어와 외래어의 남용 는 다 함께 비판적이면서도 학술 어와 일상언어의 경계를 정확히 디서 그을 것인가는 다음 집담회 과제로 넘겼다.

강렬한 문제의식을 공유한 때 인지 집담회 분위기는 이틀 내내 공, 학교, 지역 간 차이와 광릉의 위까지 함께 녹일 만큼 뜨거웠다. 런 문제제기가 학문적으로 가장 성한 40대와 50대 중견학자들에 해 제기됐다는 점에서 학계는 주 하고 있다.

집담회 끝 무렵 서울대 백종현 수는 "오늘 받은 이 감동을 학생들 함께 나누기 위해 오늘 발표하신 다섯분 모두를 내년도 내가 맡은 울대 교양철학 초청강사로 모시겠다 고 제안해 참석자들의 큰 박수를 았다. /李翰雨기자 hwlee@chosun.co

철학용어 '主體'를 '나'로 바꾸면…
"한자·외래어에 우리학문 압도당해"
다음 과제는 '학술어·일상어 통합'

◇1,2일 집담회를 갖고 있는 '우리말로 학문하기 모임' 회원들. 왼쪽부터 이기상 김경희 정현기 유재원 백종현씨. /李翰雨기

우리말로 학문하기 모임 집담회에서, 이기상, 김경희, 정현기, 유재원, 백종현, 조선일보, 2001년 1월

우리말로 학문을 한다는 것은 주제나 과제로서 중요하다. 여기에는 대부분의 학자들이 동의할 것이다. 그렇다면 우리말로 학문을 하는 방법이나 모형의로서의 내용도 그 만큼 중요할 것이다. 나는 그 가능한 모형으로서 유영모와 함석헌이 각기 달리 보이고 있다고 믿는 "어원적 모형"과 "사용적 모형"의 두 가지를 상상해 보고, 이들을 연결할 수 있다고 생각하는, 이기상의 "종합 모형"의 가능성과 과제를 시사하고자 한다.

정 대현
이화여자대학교
명예교수

우리말 학문하기의 세 가지 모형

우리말로 하는 학문을 하는 데 있어서 그 어원적 모형이라는 것이 있다면, 그것은 자명한 것처럼 보인다. 개별 학문의 중요 개념을 나타내는 우리말의 어원이 보이는 바에 따라 그 개념을 구성하거나 이해할 수 있다는 것이다. 이 점에서 유영모는 특이하고 매우 새롭다. 유영모는 그의 영성 형이상학을 구성하는 중요개념을 나타내는 우리말의 어원을 특이한 방식으로 활용하고 있기 때문이다. 유영모는 "하나님"을 하나라는 허공이라고 한다. 그리고 "사람"의 의미를 하나님 앞에 말씀을 사뢰는 자, 생각의 불꽃을 살리는 자로 본다. "오늘"이라는 단어는 "오!"라는 감탄사를 "늘"이라는 영원을 향하여 발화된 언어 수행적 의미를 뜻한다고 해석한다. 그리고 "'우리'는 '위'를 머리 위에 이고 있는 자들"이라는 것이다. "위"란 "하늘(-)을 사람(l)이 이고 있는 것(T)"이고, 우리는 하늘 위를 생각하는 자이고 이것은 곧 "위"를 섬기는 것이라

우리말로 우리학문 이룰 수 있다

인문·사회과학자들 27일 '모임' 발기

학문의 한국화와 자생적 이론 생산을 추구하는 연구단체가 출범한다.

오는 27일 오후 6시30분 서울 광화문 일주문화하우스에서 발기인대회를 갖는 '우리말로 학문하기 모임'은 철학·종교학·문학·사학·사회학 등 인문사회과학 분야의 다양한 전공을 가진 학자들은 물론 미술·음악 등 창작활동에 종사하는 작가들까지 함께하는 범인문학 연구단체. 발기인 대표 한국외국어대 이기상(철학) 교수는 "문사철(文·史·哲·문학 역사학 철학) 전체를 아우르는 실질적인 학제적 연구를 통해 자생적 이론 생산에 매진, 대안을 제시하겠다"고 밝혔다.

'우리말로…'는 '외국이론 수입상, 외국이론의 대리전쟁터'라는 비판을 받고 있는 한국 지식사회에서 자생적 이론을 만들기 위한 모임이란 점에서 눈길을 끌고 있다. 서강대 성염(철학), 고려대 조광(사학), 부산대 이진오(한문학), 한국외국어대 유재원(언어학), 연세대 박영신(사회학), 가톨릭대 박일영(종교학), 이화여대 최준식(한국학), 동아대 조선우(음악학), 숭실대 오세영(미술)교수, 사진작가 엄종호, 만화가 정원철, 컴퓨터 아티스트 강홍구, 영상설치 예술가 배영환씨 등 지금까지 100여명의 학자와 작가들이 가입했고 원로 철학자 박이문, 허웅 한글학회 회장 등은 자문위원을 맡기로 했다.

이들의 공통된 목표는 '문·사·철의 통합 추구'와 '일상적이고 쉽고 아름다운 우리말로 우리 삶에서 찾아낸 문제의식을 다듬어 우리 삶과 세계를 설명하는 이론을 만들자'는 것. 이기상 교수는 "인간이란 언어의 존재이고 이 땅의 학자들이 통달해야 할 것은 한문도 영어도 아닌 우리말"이라며 "우리 말로 학문하기란 우리의 뿌리와 정체성을 찾는 운동"이라고 모임의 목표를 밝혔다. 발기인 대회를 마치고 곧 집담회를 개최, 활발한 학제간 연구와 토론, 공동 글쓰기를 실험할 예정인 이 모임은 내년 봄 인문교양 학술지 '사이'(반년간·지식산업사)를 펴낸다.

100여명 참여 '학술독립' 선언

"번역·번안 탈피 문화자립 시급"

학문의 한국화를 추구하는 '우리말로 학문하기 모임' 발기인대회를 준비중인 준비위원들. 큐레이터 이섭씨와 신승환, 이기상, 최봉영 교수(사진 왼쪽부터).

'우리말로 학문하기 모임' 발기인 대회를 준비하기 위해 지난 19일 오후 서울 광화문의 한 음식점에 모인 이기상, 항공대 최봉영(한국학), 가톨릭대 신승환(철학) 교수와 큐레이터 이섭씨는 자생학문의 가능성에 대해 다음과 같이 설명했다. 최봉영 교수는 "우리 학문은 아직 번역·번안 수준을 못 벗어났으며 문화적 자립이 시급하다"고 지적하며 "그렇다고 우리 학문하기가 우리만을 유일한 중심으로 고집하겠다는 것은 아니다"고 말했다. 신승환 교수는 "'우리말로…'는 어려운 철학용어를 쉬운 우리말로 바꾸고 새롭게 개념규정한 '우리말 철학사전 1'을 펴낸 우리사상연구소 등 자생적인 이론을 만들기 위해 노력하고 있는 각 분야의 움직임을 결집할 것"이라고 밝혔다. 또 큐레이터 이섭씨는 "작가들도 학자들과의 만남과 토론을 통해 더 나은 예술행위를 할 수 있을 것이라 기대한다"고 말했다.

/정희정기자 nivose@munhwa.co.kr

우리말로학문하기 모임 발기인 대회 준비모임, 이섭, 신승환, 이기상, 최봉영, 문화일보, 2001년

고 한다. "위"로부터 오는 생각, 바로 이것이 실재라는 것이다.

> 우리말 글자 한자에 철학개론 한 권이 들어 있고 말 한 마디에 영원한 진리가 숨겨져 있다.
>
> 박영호, 『다석 류영모의 생애와 사상. 하권』, 문화일보 1996, 131/2.

유영모가 자신의 영성 형이상학을 우리말 어원에 기초하는 데는 나름대로의 까닭이 있다. "우리글에는 무슨 하늘의 계시가 있음이 분명"하다고 쓴 적이 있기 때문이다. 이것을 근거로 어떤 사람은 유영모가 "한글 계시 존재론"을 신봉한다고 하지만, 유영모는 또한 자신의 한글 풀이에 대해서 "궤변", "유치원 아이", "장난"의 행위로 묘사하기도 한다. 그의 한글

해석이 틀릴 수 있다는 것을 인정하고 있는 것이다. 그렇다면 보다 정확하게 말해서, 유영모는 우리말에 대해 "한글 해석 오류 가능성론"을 제안한다고 해야 할 것이다. 그러므로 유영모의 학문과 그의 한글론의 관계는 선명해진다. 그 학문은, 한편으로, 한글의 특이한 성격으로 정당화 가능성에 열려 있으면서도, 다른 한편으로, 해석 행위의 인간성 개입으로 개선의 여지에 열려 있어야 하는 구조를 갖는 것이다.

유영모가 보이는 우리말 학문의 "어원적" 모형은 적어도 두 가지 인문학적 특징을 갖는다고 생각한다. 첫째, 유영모는 우리말의 어원을 고려하는 데 있어서 "어원"의 좁은 의미에 매어 있지 않았다. 그는 우리말의 "어원"에서 사유를 시작하지만 그 사유는 그의 학문의 전체 체계에 열리는 방향으로 상상의 날개를 펼친다. 둘째, 유영모는 오류 가능성을 고려하여 상상의 영역을 제약하기보다는, 오류 가능성에도 불구하고 보다 자유롭기 위하여 상상의 영역을 확장하고 있다. 이러한 특징은 지금과 같은 시대에 마시고 싶은 인문학적 사유의 신선한 바람일 것이다.

우리말 사용에 있어서 함석헌은 유영모와 다르다. 유영모는 우리말의 어원을 그의 형이상학에 맞추어 해석해 나아갔다면, 유영모의 제자로 자처하는 함석헌은 우리말을 "비-유영모적" 형이상학으로써 사용한다고 믿는다. 역사란 사실 기록이 아니라 "사실이 가지는 뜻"이라면서 모든 사람은 서로로부터 떨어져 있는 것이 아니라 "전체가 한 생명"인 까닭에 "역사는 하나다"라는 형이상학적 비전을 제시한다. 역사란 씨알들이 하나됨의 완성을 향하여 노력해 가는 과정이고 "역사는 하나의 뜻을 완성하기 위하여 자라는" 것이다. 그러기 때문에 물이 바다로 가는 것처럼 "역사는 씨알로 간다"는 것이다.

> 우리말로 할 수 없는 종교·철학·예술·학문이 있다면 아무리 훌륭해도 그만 두시오. 그까짓 것 아니고도 살 수 있습니다. 우리 삶에서 글월[문화(文化)]이 돋아나오지, 공작의 깃 같은 남의 글월 가져다 아무리 붙였다기로 그것이 우리 것이 될 까닭이 없습니다.
>
> 함석헌, 「우리 민족의 이상」, 『함석헌 전집 1. 뜻으로 본 한국역사』, 한길사, 1993, 347 쪽.

함석헌 사상에 대한 연구 「함석헌의 생명학적 진리. 우리말에서 읽어내는 삶의 진리」를 발표, 2006.

씨알사상포럼에 참석한 이기상 교수, 프레스센터, 2008년

함석헌은 우리말을 구사하는 데 있어서 독특한 관점을 시사한다. 그는 한편으로 우리말은 우리말이 지금 여기에서 사용되는 방식에 "기술적으로" 충실하여야 한다는 것이고, 다른 한편으로 우리말은 우리말이 사용되어야 하는 방식에 "당위적으로" 맞아야 한다는 관점이다. 우리말에 대한 함석헌의 관점을 이러한 의미에서 "사용적 모형"이라고 할 수 있을 것이다.

함석헌 학문에 있어서 우리말의 자리는 무엇인가? 그 학문과 우리말의 관계는 유영모에게서와 같이 선명하게 나타나지 않는 것이 아니지 않는가? 그러나 이것은 초견적 인상일 뿐이다. 유영모는 그의 특이한 영성-형이상학을 구성하기 위하여 우리말에 대한 특이한 어원적 해석을 제안하고 있다. 그러나 함석헌은 그의 특이한 역사-형이상학을 구성하기 위하여 한국어의 역사적 맥락에 주목하고 있다. 그러므로 유영모 학문의 정당성은 유영모가 제시하는 우리말 어원 해석의 선험성에 의존한다면, 함석헌 학문의 정당성은 그가 서술하는 우리말로 구성된 한국 역사 언어의 선험성에 의존하는 것이다.

모국어는 모든 사람에게 그의 언어공동체의 언어이다. 한글은 한국의 언어공동체에 속하고 있는 모든 사람들의 공동 소유재이다. 그 공동체 속에서 인간들은 언어의 소유자들이다. 바로 언어에서는 어떤 인간도 이 소속성에서 벗어날 수 없으며, 언제나 한 언어공동체에 속한다. 그러므로 언어는 가장 일반적인 문화재이다. 어떤 인간도 그 자신의 개인적인 힘으로 말미암아 그의 언어재를 소유하는 것은 아니다. 차라리 언어의 소유는 언어공동체에 대한 소속성으로부터 인간에게서 생겨나며, 인간은 그의 모국어를 습득하면서, 즉 인간은 이 언어공동체 속으로 들어가서 자라난다.(참조 레오 바이스게르버, 『모국어와 정신형성』, 허발 옮김, 문예출판사, 1993, 69 쪽.)

외솔 선생도 이런 중요성을 다음과 같이 표현하였다. "사람이 있는 곳에 말이 있으며, 겨레의 사는 곳에 겨렛말이 산다. 겨렛말은 실로 겨레의 정신이요. 생명이다. 겨렛말의 소리가 울리는 곳에는 겨레의 정신이 약동하며, 겨렛말이 번지는 곳에는 그 겨레의 생명이 번진다. 그리하여, 겨레와 겨렛말과는 흥망을 같이하며, 성쇠를 같이한다."(최현배, 『우리말 존중의 근본 뜻』, 정음사, 1951, 51 쪽.)

모든 민족에게는 그 언어 속에 하나의 세계관이 갈무리되어 있는데, 우리는 이를 언어공동체의 운명, 그 지리적, 역사적 형세, 그 정신적이고 외적 조건 속에서 형성된 그 민족의 세계관이라고 말할 수 있다. 이러한 모든 상태가 두 민족에게 동일하지 않듯이, 이러한 다른 상태에서 생겨난 두 언어 속에 갈무리되어 있는 세계상 역시 같은 것일 수 없다. 언어보다도 한 민족의 운명과 견고하게 결합된 것은 없으며, 한 민족과 그 언어와의 사이보다 더 밀접한 상호작용은 어디에서도 발견되지 않는다.(레오 바이스게르버, 134 쪽.)

그런 의미에서 외솔 선생은 다음과 같이 말한다. "배달말은 배달 겨레의 문화의 연장이요, 창조의 결과이다. 문화와 창조가, 한가지로, 자연에 대한 사람의 이상 실현의 정신적 자유를 뜻한다. 그런데, 자유는 정신의 본질이요, 생명의 본질이다. 그러므로 우리말은 우리 겨레의 창조

이요, 자유이며, 생명이다."(최현배, 81 쪽)

(건너뜀)

우리는 우리가 우리의 체험내용을 정돈하는 데에도 모국어의 도움을 받으며 우리의 인식을 개념적이고 논리적으로 파악하는 데에도 모국어의 도움이 없이는 불가능하며, 우리의 행위 역시 모국어의 안내를 받고 있음을 확인할 수 있다. 도대체가 우리는 잘 갈무리되어 있는 세계관을 모국어를 통해 전수받으며 그 속에서 성장하고 있는 것이다. 그래서 모국어 사용 집단의 사유의 동일성과 동종성 역시 모국어에 감사해야 함을 보았다. 따라서 주어진 시간과 공간에서 주체적으로 사유해야 하는 이 땅의 철학자들은 무엇보다도 우리의 모국어인 우리말에 통달하여야 한다. 우리는 '우리말로 철학하도록' 운명지어져 있는 것이다. 철학함에서 우리말을 사용하는 언어공동체는 운명적으로 서로 사이에 우리말로 결속되어 있음을 잊지 말아야 한다.

이기상, 『다석과 함께 여는 우리말 철학』, 지식산업사, 2003.

그러나 우리말로 구성된 한국 역사 언어의 선험성은 어떻게 얻어지는가? 칸트는 이러한 선험성을 선구적으로 보였다. 대상의 인식 경험의 조건과 그 경험의 대상 구성의 조건은 동일하다는 의미에서, 특정 대상에 적용되는 구체적 개념은 선험적인 것이다. 한국 현대사를 경험하는 조건과 경험되는 한국 현대사 구성의 조건은 동일하다는 의미에서, 한국 현대사를 인식하고 평가하고 구성하는 함석헌의 개념은 선험적인 것이다. 함석헌이 식민지 정권과 군사 정권 치하에서 활동했던 그의 소위 "현실 참여"

는 한편으로 그의 역사 형이상학적 실재를 구성하는 행위이면서, 다른 한편으로 그의 형이상학을 정당화하는 선험적 체계를 완성하는 행위인 것이다. 유영모의 영성적 형이상학은 마음의 생각을 우선시 했다면, 함석헌의 역사적 형이상학은 마음과 몸이 일치하는, 생각과 실천이 합일하는 언어를 필요로 했다고 생각한다.

이기상은 우리말로 하는 학문 운동을 2001년에 시작하여, 길지 않은 시간 동안의 기여로, 이 화두는 더 이상 정당화의 필요를 넘어 필연성의 단계로 진입하였다. 그러나 여기에서, 우리말은 어떤 말인가? 우리말로 하는 학문은 어떤 모형의 학문인가? 나는 개인적으로 함석헌 모형에 친근감을 느끼지만, 유영모 모형에는 판단 보류적이다. "어원적"의 좁은 의미라면 부정하고 싶지만, 유영모는 그 넓은 의미에로 확장하고 있기 때문이다. 그리고 그 확장이 어떻게 가능하고 어떻게 불가능할 것인지에 대해 아직 판단할 수 없기 때문이다. 그런데도 이기상은 유영모 모형과 함석헌 모형, 둘 다에 긍정적이다. 이기상은 한편으로 유영모 학문에 대하여 긍정적인 글들을 써 왔고, 다른 한편으로 언어 일반론을 논의할 때는 "함석헌적"이라 할 수 있는 요소들을 긍정하고 요구하고 있기 때문이다.

이기상 교수 발표, 유영모 선생과 함석헌 선생의 생명사상 재조명, 2005년 11월

이기상이 이해하는 우리말에는 함석헌적 요소가 많다고 생각한다. 이기상이 요구하는 주체성은 홀로 주체가 아니라 소통하는 서로 주체이다. 이러한 서로 주체는 몸과 마음이 하나로 거주하는 생활세계를 통해서 진위 이분법적 지성의 합리성이 아닌, 모두가 끌어안아지는 **통합적 합리성**에 도달하게 된다. 이러한 생활세계는 함석헌이 전제하는 역사적 형이상학의 내용이기도 하다. 그리고 언어에 대한 이기상의 여러 주장들 중 몇 가지에 주목할 수 있다. 언어는 세계를 보는 눈, 민족을 묶는 끈, 정서의 공감대, 자주와 자율의 바탕, 자유와 평등의 조건, 사람 사이의 다리, 존재의 집이다. 이들은 유영모의 어원적 모형에서 부정될 필요는 없지만, 함석헌의 사용적 모형에서 더 잘 통합된다고 생각한다.

이기상은 우리말 학문하기의 두 모형을 통합할 수 있는 위치에 있다고 생각한다. 이기상은 자신의 체계 안에 어원적 모형과 사용적 모형의 요소들을 모두 갖추고 있기 때문이다. 어원적 모형이 회고적이고 사용적 모형이 전망적인 점에서, 유영모 영성 언어 논리와 함석헌 역사 언어 논리가 다르다는 점에서, 갈등적인 요소가 없지 않다. 그래서 과제는 쉽지 않다. 그러나 유영모의 어원성은 확장적, 개방적이고, 함석헌의 역사성은 통전적이므로, 양자의 종합은 불가능한 것으로 생각하지 않는다. 따라서 양자를 종합고자 할 때의 과제는 나열될 수 있을 것이다. 영성 형이상학과 역사 형이상학은 어떻게 연결될 수 있는가? 유영모의 어원적 해석학과 함석헌의 역사 해석학은 일관될 수 있는가? 유영모의 영성언어는 어떻게 역사적 몸의 언어를 포용할 수 있을 것인가? 함석헌의 역사 언어는 어떻게 최소한의 영성을 유지할 수 있을 것인가?

이기상 교수님과의 인연

진월 비구

돌이켜 보면, 필자가 이기상 교수님을 처음 만나게 된 시점은 10여 년 전, 우리사상연구소 모임에서인 것으로 기억된다. 1998년 가을 10여 년 간의 미국체류를 끝내고 돌아와 동국대학교에서 강의를 시작하게 되었지만, 80년대 초기에 서강대학교에서 잠시 지냈던 인연으로 그 쪽 친구들과 어울리게 되는 경우, 가끔 서강과 그 주위에 들렀었는데, 가톨릭대학교 신승환 교수의 초대로 그 모임에 참석하게 되었고, 그 자리에서 이 교수님을 만난 줄 안다. 그 모임은 열 명 남짓한 학자와 종교인들의 소박한 대화의 자리였었는데, 학자들은 대부분 유럽에서 인문학 분야의 박사학위를 취득하고 돌아와 교직에 있었고, 종교인들은 주로 천주교인이거나 그에 가까운 이들이었던 것으로 추억된다. 학문과 사상 및 신앙적인 차원에서 친연성이 깊은 이들이 한국 내외의 상황적 성찰과 친목 및 사회적 문제의식을 공유하며 탁마하는 분위기였다. 아무튼 예사롭지 않게 나타난 불교 수행승 필자가 그들에게 자연스럽게 환영되었음은 종교적 차이를 넘어 정신적으로 공감하고 상호 신뢰할 수 있었음에서 기인하였다고 볼 수 있다.

그 때에 소개 받은 이 교수님의 첫 인상은 철학 교수답게 단아하고 진지한 선비의 모습으로 보였다. 신승환 교수님도 서강대에서 예수회 수도자로 수련하였다가 철학자의 길로 돌아섰음을 알았지만, 이 교수님도 처

우리사상연구소의 핵심 사업 결과물을 들고, 왼쪽부터 가톨릭대학교 박승찬, 서강대학교 성염, 가톨릭대학교 신승환, 박일영, 우리사상연구소 이민상 이사장, 서울대학교 장회익, 백종현, 동국대학교 김성철, 항공대학교 최봉영, 한국외국어대학교 이기상, 2001년 6월

음엔 천주교 사제가 되려는 뜻에서 가톨릭대에서 신학을 하다가 유학을 가서 철학으로 방향을 바꾸었음을 알 수 있었다. 그 모임 참가자 가운데에는 수녀였다가 결혼을 한 이도 있었고, 겉모습은 비록 일반인들처럼 보였어도 대부분 영성을 추구하는 경향의 동질성을 느낄 수 있었다. 보통 철학자들이 합리적 지성과 사상만 강조하고 추구하는 특징을 보이는데 비하여, 이 모임의 구성원들은 철학을 넘어 종교적 체험의 영역에까지 관심을 보이며 나름대로 조예가 깊은 분들이었던 것 같았다. 단순히 사상적 지향뿐만 아니라 인격적인 측면과 감성적인 영역도 길동무로서의 친근감을 공유하고 있는 듯이 보였다.

『우리말 철학사전』 총 5권 편찬을 재정적으로 뒷받침해 주신 「이민상 내과 의원」 원장님

우리사상연구소 설립취지문

오직 하나의 종교만이 [또는 오직 하나의 문화나 철학만이] 지구의 곳곳에 차고 넘친다면, 신은 그의 피조물을 이러한 정신적 파멸에서 구하기 위해 두 번째 노아의 방주를 마련해야 할 것이다.

타고르

새 천년 새 시대를 맞이하여 살아가고 있다. 지금 우리는 삶의 공간과 시간이 하루 생활권으로 축소된 그야말로 지구촌 시대를 맞고 있다. 소위 IMF 체제를 겪으면서 우리는 이미 〈세계는 하나〉라는 사실을 피부로 체감하였다. 지구상의 모든 사람이 똑같은 복장을 하고 똑같은 음식을 먹고 똑같은 아파트 안에 살면서 똑같은 자동차를 타고 다니며 똑같은 음악을 듣고 똑같은 영화를 보며 똑같은 소설을 읽고 똑같은 텔레비전을 보며 똑같은 인터넷 게임을 즐기는 〈세계화의 시대〉에 우리는 살고 있다. 그런데 이것이 결코 인류에게 축복일 수는 없다. 다름과 차이가 제거된 똑같음의 지배와 확산은 창조주가 원하는 것도 아니며 인간다움에도 정면으로 위배되는 것이다. 세계화의 시대에 **인류가 직면하고 있는 최대의 적**은 〈획일화〉이다.

인간이 가지고 있는 차이를 최대한으로 살려 천차만별의 꽃들이 만발하게 하는 **다양성의 길을 터 줄 수 있는 것**은 무엇인가? 그것은 기술문명의 발전도 아니고 정치적 이데올로기도 아니고 경제적 시장원리도 아니고 과학적 추상화도 이성의 보편화도 아니고, 인간 개개인의 독특함과 다름을 있는 그대로 인정해주는 감성에 바탕한 문화적 창의성과 포용력이다. 21세기가 〈문화의 세기〉가 되기를 기대하는 인류의 염원은 바로 여기에 터하고 있는 것이다. 이제 서양 중심의 합리성일변도의, 존재일변도의, 기술과학일변도의 생활태도와 사유방식이 강요되는 획일성의 시대는 종말을 고해야 한다. 이제는 모든 민족, 모든 나라의 문화가 저마다의 독특한 향기와 빛깔의 꽃들을 활짝 피워 하나뿐인 지구를 아름답게 수놓는 문화다양성의 시대가 열려야 한다.(줄임)

(건너뜀)

그렇다면 이러한 〈**주체적인 중심잡기**〉를 위해 필요한 것은 무엇인가? 중심을 잡기 위해서는 무엇보다도 우선 굳건히 서 있을 수 있는 〈지반〉이 있어야 한다. 즉 우리는 우리가 살고 있는 이 땅에 뿌리를 내리고 있어야 한다. 우리의 삶의 현장인 여기 이곳의 생활세계를 망각하고 선진국만을 바라보고 있는 한, 우리는 중심을 잡을 수 없다. 그런데 인간은 땅만을 갖고 중심을 잡아 독자적인 세계를 만들어 나갈 수 없다. 중심을 잡기 위해서는 그 땅에서 사는 사람들 사이에 공동체적인 〈일체감〉이 형성되어 있어야 한다. 이 일체감은 역사와 문화에 의한 삶의 양식과 사유태도의 동질성이 확보해 줄 것이다. 그것을 우리는 민족적 정체성, 역사적 정체성 또는 민족적 자아, 문화적 주체 등으로 부르기도 한다. 주체적인 중심잡기를 위해 필요한 세 번째 요소는 〈주체성〉이다. 우리 스스로가 우리의 생활세계와 우리의 문화, 역사에 대해 주인이 되어야 한다. 그러기 위해서는 우리 자신의 눈으로 세상을 보고 스스로 사유하여 우리의 문제를 우리 스스로 해결해 나가려는 결연한 주체의식이 있어야 한다.

여기에서 중요한 것은 우리의 세상을 보는 눈인 **우리말**이다. 우리의 세계, 문화, 역사, 삶의 중심핵은 언어다. 마지막으로 이러한 중심잡기에서 우리가 잊지 말아야 할 것은 우리가 놓여 있는 〈세계적인 상황〉이다. 지금 우리는 다양한 중심들이 존재하는 다중심의 시대를 살고 있다. 문화다양성의 시대를 살면서 우리의 중심만을 유일한 중심으로 고집해서는 안 된다. 우리는 하나의 지구 위에서 서로 다른 민족들과 더불어 서로 다른 문화적 역사적 배경을 갖고 서로 다른 시각으로 세상을 보면서 서로의 다름을 인정하고 존중하면서 살아나가야 한다. 그렇기 때문에 과거 어느 때보다도 더불어 삶의 지혜와 공존의 논리가 필요한 시대이다. 우리는 머리를 맞대고 하나뿐인 세계가 평화롭게 유지되도록 지혜를 모아 인류가 처한 문제를 공동으로 대처해 나가야 할 세계시민으로서의 사명을 띠고 있는 것이다. 따라서 주체적인 중심잡기가 하나뿐인 세계 속에서 실행되고 있음을 망각해서는 안 된다. 〈세계 속의 한국인〉으로서 세계와 더불어 세계의 문제를 해결하는 데 일익을 담당해야 한다.

우리는 밝아온 새 천년 세계화 시대를 주체적으로 살아갈 문화시민이 되기 위해서 〈우리사상연구소〉를 개설하여 가톨릭의 보편정신에 바탕하여 이 땅에 우리만의 고유한 향기와 빛깔의 꽃을 피워 세계의 정원을 아름답게 장식하려 노력할 것을 다짐한다.

필자는 그곳에서 “우리사상연구소” 이름에 주목하였고, “우리사상”의 실체와 그 표현에 관심이 있었다. 연구소 취지를 듣고 주도하는 구성원들의 면면을 보며, 필자는 불교인으로서 자책감을 새롭게 느꼈다. 한국에서의 “우리사상”이라면 민족문화사적 전통을 살펴 볼 때, 불교사상이 사상사의 주류를 이루어 왔음을 부정할 수 없음이 분명한데, 그리스도교인들의 우리사상 연구가 그들만을 위함이 아니라면 그 동기와 배경이 궁금하였고, 이러한 상황에서 불교인인 필자의 도리는 무엇인가 새삼 자문하게 되었다. 그분들의 우리사상 연구는 아마도 이른바 “토착화”의 심화를 위한 나름대로의 모색을 하는 것으로 볼 수도 있겠지만, 실제로는 우리사상 즉, 한국사상을 서구적인 시각과 경험을 통하여 정체성을 확인해 보려는 것으로 파악되었고, 필자도 가능한 만큼 동참하며 상호 협조할 필요를 느꼈다. 그리스도교적인 문화배경과 근대 서구적 학문방법에 익숙한 대부분의 연구소 임직원들은 오히려 서구 편향적 인식의 한계와 위험성을 느끼고 나름대로 주체적인 모색을 시도하는 데 공감하며, 일반적으로 그분들과 비슷한 학력과 경력의 소유자들이 독선적 자만과 사대적 안일에 빠져 우리사상의 주체성을 상실해 가는 데 경각심을 일으킬 수 있는 계기를 제공해 줄 수 있다는 기대도 느꼈다.

이기상 교수님과 함께하던 여러 연구소 회원들은 근대문명을 이끌었던 유럽의 대학에 유학하였지만, 그 쪽의 세계관과 인생관 및 가치관을 이해하고 공유하면서도 거기에 매몰되지 않고 그 시각과 안목으로 자신들의 고유한 전통 사상과 문화를 되새기며 재해석을 시도해 보려는 의욕과 용기를 갖고 있었다. 저곳의 장점을 소개하고 필요한 것은 수용하면서 우리 것에 대한 기존의 오해와 편견을 바로잡고, 이곳의 장점 인식에 소홀하였음을 반성하며 새로운 해석과 평가를 통해 주체적인 학문과 사상을 정립해 보려는 것이다. 그분들은 우선 인문학 분야의 용어들에 대한 개념과 그 사용의 적절성 등 기존의 관행에 대한 반성과 재고를 하며 비판적 검토를 시도하려 하였다. 우리나라 현대학문의 용어들이 대부분 서구어의 한문식 번역어인 경우가 많은데, 그 내용도 문제이려니와 서구식 용어가 불필요하게 과용 또는 남용되는 현상에 대한 주체적 성찰이 부족한 실정이었다. 누구나 언어로 사유하게 되므로, 언어가 사유에 절대적인 영향을 끼침은 자연스런 사정이니, 서구적 언어로 사유하게 됨은 무의식적으로 서구의 영향과 지배를 받게 되는 결과를 가져오게 된다. 이러한 심각한 현상에 대한 의견을 나누며 문제해결을 함께 모색해 보려는 노력은 매우 시급한 실정이었다. 아무튼 필자는 여러 사정으로 우리사상연구소 모임에 제대로 참여하지 못했다.

이후 몇 년 뒤, 2000년대 초반에 "우리말로 학문하기 모임"이 창립 발족 되었다. 그 중심에 이기상 교수님이 있었고, 초대 회장에 취임하셨다. 출범 초기에는 여러 대학의 중진 및 신진 학자들이 관심을 갖고 많이 참여하여 규모도 컸으며 사회적 주목을 받았다. 필자도 동참하였고, 두 번째 임기에서인가 이기상 교수님의 요청으로 부회장의 소임을 맡아보게 된 줄 안다. 필자는 그 모임에 크게 기여하지는 못했지만, 동지적 도리에 부응하려고 나름대로 최선을 다하여 노력했다고 생각한다. 필자의 세연을 따져보아 쉽게 말하자면, 한글을 창조하신 세종대왕의 18대 후손이 된다. 어려서부터 조상과 관련하여 우리말과 한글에 자긍심과 사랑을 느끼며 관련된 일들에 관심을 갖고 참여해 왔으며, 특히 출가이후에는 한글의 처음 응용사례로서 "월인천강지곡"과 "석보상절" 등의 저술이 불교관련 작품이었음은 물론, 세조대왕의 간경도감을 통한 불교 경전의 한글 번역 등, 초기부터 불교와 한글의 큰 인연을 마음속으로 되새기며, 우리말과 글의 발전에 사명감을 느끼고 있었던 터에, "우리말로 학문하기 모임"의 출현은 내심 매우 반가웠고, 그 취지의 성취를 진심으로 축원해 왔다.

〈우리말로 학문하기 모임〉 취지문

1. **문제 인식**

- 우리의 삶이 전개되고 있는 여기 이 땅 우리의 〈생활세계〉는 삶의 바탕이자 앎의 태반이다.
- 생활세계는 앎(지식/학문)의 출발점이자 귀착점이다. 앎의 보고이며 본보기의 원천이다.
- 모든 배우미는 삶을 더 잘 알아 삶의 세계를 더욱 살기 좋은 곳으로 만들기 위해 삶의 현장에서 닥치는 문제를 앎의 차원에서 물으며 뿔그며 삭히며 되삭여서 삶으로 되먹임시킨다.
- 지식인은 모름지기 〈앎과 삶 사이〉에 있는 문지도리(돌쩌귀)여야 한다.
- 지금 우리는 바로 이 〈앎과 삶의 사이〉가 극도로 괴리되어 있고 왜곡되어 있는 세상을 살고 있다. 앎을 책임지고 있다는 지식인이 문지도리의 구실을 제대로 하지 못해서이다.

- 우리는 삶 따로 앎 따로, 일상과 학문이, 실천과 이론이 따로따로 분리되어 아무런 연결 없이 따로 노는 극도의 〈궁핍의 시대〉를 살고 있다.
- 우리는 학교에서 배운 이론이 삶에서 아무 도움이 안 되고 있는 이론소외, 이론척박, 이론부재의 생활을 살고 있다. 그 까닭은 그 이론이 우리의 생활에서 만들어진 자생적 이론이 아니라 수입된 이론이거나 때 지난 낡은 이론이기 때문이다.
- 우리의 앎의 세계, 학문세계는 외국이론의 대리전쟁터를 방불케 한다.
- 우리의 생활세계는 극도로 외국이론에 의해 식민지화되어 있다. 이렇게 된 데에는 외국의 이론을 반성 없이 수용해 책임 없이 퍼트린 지식인의 책임이 가장 크다.
- 우리의 세상을 보는 눈, 살아가는 자세, 생각하는 방식, 행위하는 양태 등이 완전히 서양화되어 버렸다. 그러면서 이것을 극히 당연스럽게 세계화 또는 지구화의 한 과정이라고 생각하고 있다.
- 우리의 청소년들은 그들 삶을 위한 교양을 서양인들의 생활세계, 그들의 역사와 문화에 대한 교육으로 수혈 받고 있다.
- 우리의 지식인들은 우리의 생활세계의 기획과 운영마저도 서양인들의 관점과 판단에 내맡기고 있다. 우리의 역사와 문화마저도 그들의 시각으로 고찰될 때 객관성과 보편타당성을 얻는 것으로 착각하고 있다.
- 우리는 정체성을 잃어가고 있다. 우리는 우리가 누구이며 어떻게 살아왔고 어떻게 살아가야 할지, 무엇을 위해 살며 어떤 가치를 추구해야 할지를 결정하는 데에서도 서양학자들의 자문과 결정에 전적으로 의존하고 있는 식민 상태를 못 벗어나고 있다.

2. **대처 방향 모색**

- 우리는 우리의 정체성을 (되)찾아야 한다. 그러기 위해서 우리를 알아야 한다. 우리의 삶이 벌어지고 있는 현장, 우리의 삶이 전개된 역사, 우리의 삶의 무늬가 새겨진 문화, 우리의 문제해결의 모색이 담겨진 이론, 우리의 아픔과 희망으로 그려진 예술 등을 새롭게 우리의 눈으로 해석하여 그 안에 흐르고 있는 우리의 주체적인 삶의 태도와 방식을 찾아내야 한다.
- 우리는 달라진 세계에서 우리와 세계에 대해 〈묻고 배우는〉(학문하는) 방식을 새롭게 터득해야 한다.
- 우리의 삶이 전개되고 있는 생활세계는 더 이상 지리적, 민족적으로 테두리 쳐진 좁은 생활공간이 아니다. 우리는 국가의 벽이 무너져 지구촌이 하나로 된 정보화시대, 온갖 생활신조와 가치관들이 공존하는 다원주의 시대를 살고 있다. '최고만이 살아남고 다수만이 진리다' 라는 공리주의 내지 실용주의 배경의 경쟁의 논리가 지구시민의 생활방식과 사유태도를 서서히 바꿔가고 있는 시대를 살고 있다. 서양인들이 보이지 않게 조장하여 제시해 놓고 있는 세계관과 문화상품이 알게 모르게 동일성과 획일화를 조장하고 강요하여 지구촌 전체가 하나로 통합되어 가고 있는 시대를 살고 있다.
- 서구문명의 수용과 근대화라는 급물살 속에서 우리는 한번도 제대로 우리 자신과 우리가 몸담고 있는 세계에 대해 물음을 던지지 못했다. 그저 서양 흉내내며 앞으로 달려가기에만 급급했다. 그렇게 정신없이 달려온 백년, 우리는 이제라도 그 지난 백년을 반성하여 우리것으로 만

들어 우리의 정체성을 확고하게 해야 한다.

- 우리는 더 이상 현대화라는, 세계화라는 미명 아래 서양을 흉내내는 식민지 근성을 벗어 던져야 한다. 탈서양을 외치고 있는 시대사적인 분위기를 제대로 읽고 다중심의 다극화 시대에 흔들리지 말고 이 땅, 우리의 역사와 문화에 뿌리를 내려 중심을 굳건하게 잡고 우리 스스로 주체적으로 우리의 문제, 세계의 문제를 풀어나가는 〈세계 속의 한국인〉이 되려고 노력해야 한다.
- 중심을 잡기 위해서는 무엇보다도 우선 굳건히 서 있을 수 있는 〈지반〉이 있어야 한다. 즉 우리는 우리가 살고 있는 이 땅에 뿌리를 내리고 있어야 한다. 우리의 삶의 현장인 여기 이곳의 생활세계를 망각하고 선진국만을 바라보고 있는 한, 우리는 중심을 잡을 수 없다.
- 그런데 인간은 땅만을 갖고 중심을 잡아 독자적인 세계를 만들어 나갈 수 없다. 중심을 잡기 위해서는 그 땅에서 사는 사람들 사이에 공동체적인 〈일체감〉이 형성되어 있어야 한다. 이 일체감은 역사와 문화에 의한 삶의 양식과 사유태도의 동질성이 확보해 줄 것이다. 그것을 우리는 민족적 정체성, 역사적 정체성 또는 민족적 자아, 문화적 주체 등으로 부르기도 한다.
- 주체적인 중심잡기를 위해 필요한 세 번째 요소는 〈주체성〉이다. 우리 스스로가 우리의 생활세계와 우리의 문화, 역사에 대해 주인이 되어야 한다. 그러기 위해서는 우리 자신의 눈으로 세상을 보고 스스로 사유하여 우리의 문제를 우리 스스로 해결해 나가려는 결연한 주체의식이 있어야 한다. 여기에서 중요한 것은 우리의 세상을 보는 눈인 우리말이

다. 우리의 세계, 문화, 역사, 삶의 중심 핵은 언어다.

- 마지막으로 이러한 중심잡기에서 우리가 잊지 말아야 할 것은 우리가 놓여 있는 〈세계적인 상황〉이다. 지금 우리는 다양한 중심들이 존재하는 다중심의 시대를 살고 있다. 문화다양성의 시대를 살면서 우리의 중심만을 유일한 중심으로 고집해서는 안 된다. 우리는 하나의 지구 위에서 서로 다른 민족들과 더불어 서로 다른 문화적 역사적 배경을 갖고 서로 다른 시각으로 세상을 보면서 서로의 다름을 인정하고 존중하면서 살아나가야 한다. 그렇기 때문에 과거 어느 때보다도 더불어 삶의 지혜와 공존의 논리가 필요한 시대이다. 우리는 머리를 맞대고 하나뿐인 세계가 평화롭게 유지되도록 지혜를 모아 인류가 처한 문제를 공동으로 대처해 나가야 할 세계시민으로서의 사명을 띠고 있다. 따라서 주체적인 중심잡기가 하나뿐인 세계 속에서 실행되고 있음을 망각해서는 안 된다. 〈세계 속의 한국인〉으로서 세계와 더불어 세계의 문제를 해결하는 데 일익을 담당해야 한다.

3. 구체적인 대처방안 : 〈우리말로 학문하기〉

잘 알려진 인간에 대한 정의에 의하면, 인간은 이성적 동물이다. 그런데 인간이 〈이성적 동물(animal rationale)〉일 수 있는 것은 그가 말할 수 있기 때문이다. 이점을 고대 그리스인들은 일찍부터 간파하였다. 그래서 그들은 인간을 〈언어 능력이 있는 생명체(ζωον λογον εχον)〉이라고 규정했다. 이 그리스적 인간 규정이 로마 문화권으로 번역되면서 〈이성적 동물〉로 변했다. "인간은 말하기 때문에 이성적인 동물인 것이다(Homo animal rationale quia orationale)."

그렇다면 인간은 어떤 언어를 말하는가? 인간 개개인의 언어는 그가 그 속에서 성장한 일정한 공통어이다. 이 공통어는 바로 그의 모국어이다. 그 모국어로부터 개인은 〈사물〉을 이해하며 그의 경험은 그가 〈알고 있는〉 것의 지도를 받는다. 경험은 개인 자신이 소화하는 인상에서 우연히 일어나는 것이 아니라 모국어의 인도를 받는다.

일상생활에서도, 과학[학문]에서도 모국어가 개인의 해석과 사유의 세부에 이르기까지 결정적으로 간섭하고 있다는 것이 확증된다. 따라서 우리는 모국어가 우리를 대신해서 사유하는 것이라고 말할 수 있을 정도이다.

모든 민족에게는 그의 언어 속에 하나의 세계관이 갈무리되어 있는데, 우리는 이를 언어 공동체의 운명, 그 지리적, 역사적 형세, 그 정신적 조건과 외적 조건 속에서 형성된 그 민족의 〈세계관〉이라고 말할 수 있다. 이 모든 상태가 두 민족에게 동일하지 않듯이, 두 언어에 있어서도 이러한 상태에서 생겨나서 그 언어 속에 갈무리되어 있는 세계상 역시 동일한 것일 수가 없다. 언어보다도 한 민족의 운명과 견고하게 결합된 것은 없으며, 한 민족과 그 언어와의 사이에서보다 더 밀접한 상호 작용은 어디에서도 발견되지 않는다.

언어 공동체는 다른 모든 공동체의 전제이다. 그 이유는 그것이 단순히 의사소통을 가능케 하기 때문만이 아니며, 무엇보다도 의사소통의 토대가 되는 공통의 세계관을 매개하기 때문이다. 따라서 많은 인간의 공동생활과 공동 작용에 대한 전제가 어디엔가 있다고 한다면, 그것은 언어 공동체 안에 있는 것이며, 그렇게 해서 한 언어의 효력 범위는 한 민족에게 자연적인 영역이 된다. 한 언어에 속하는 모든 이들은 그 어떤 다른 공동체보다도 서로 가까이 있으며, 그들은 운명적으로 서로, 그리고 그들의 언어와 결합되어 있다고 말하지 않을 수 없다.

우리는 우리의 체험 내용을 정돈하는 데에도 모국어의 도움을 받으며, 우리의 인식을 개념적으로 논리적으로 파악하는 데에도 모국어의 도움이 없이는 불가능하며, 우리의 행위 역시 모국어의 지도를 받고 있다. 도대체가 우리는 잘 갈무리되어 있는 세계관을 모국어를 통해 전수 받으며 그 속에서 성장하고 있는 것이다. 그래서 모국어 사용 집단 안에서의 사유와 동일성과 동종성 역시 모국어에 감사해야 한다. 따라서 주어진 시간과 공간 안에서 주체적으로 사유해야 하는 이 땅의 학자들이 통달하여야 할 것은 한문도 영어도 아니고 무엇보다도 먼저 우리의 모국어인 우리말이다. 우리는 〈우리말로 학문하도록〉 운명지어져 있다. 〈학문하기〉에서 우리말을 사용하는 언어 공동체는 운명적으로 서로 간에 그리고 우리의 언어인 우리말과 결속되어 있음을 잊지 말아야 한다.

인간은 이미 형성된 세계 속에 태어나서 그 세계 속에서 통용되는 삶의 문법을 배우며 거기에서 지켜지고 있는 삶의 규칙과 사유의 법칙에 따라 행동하고 사유한다. 그리고 이 모든 것은 그 세계에서 사용되고 있는 모국어에 의해서 이루어진다. 모국어로 결속되어 있는 언어 공동체가 의사소통을 위한 선험적 토대를 이루는 전제 조건이며 그것을 바탕으로 하여 도대체 사유, 인식 그리고 행위가 가능하다.

우리는 논리적인 사유 능력 역시 언어를 통해서 습득됨을 확인할 수 있다. 그리고 이때의 언어란 어떤 보편적인 이성적 언어가 아니라 모든 사람들이 자연스럽게 그 속에서 자라며 습득하는 자연어, 즉 모국어이다. 따라서 한 민족의 언어에는 그 민족의 세계관이 갈무리되어 있으며, 민족 구성원은 모국어를 통해 이 세계관 속으로 교육되는 것이다. 같은 삶의 공간에서 같은 언어를 사용하고 있다는 이 사실이 그 언어 공동체에 속하는 모든 구성원들에게 사유 내용의 동일성과 사유의 동종성을 보장하는 것이다. 우리는 모국어를 사용함으로써 같은 사태에 대해 서로 다른 생각들을 나누면서도, 서로를 연결해 주고 있는 같은 의사소통의 지반 위에 있어서 열린 마음으로 논쟁할 수 있음을 확인하고 있는 것이다. 사유의 깊이가 학문 내지는 사상의 깊이를 결정한다면 개념적인 차원에서의 언어의 깊이와 넓이가 사상을 규정하고 있음을 인정해야 할 것이다.

절대 중심의 시대에서부터 다극화된 다중심의 시대로 넘어가고 있는 탈중심의 시대에 서로 다른 세계와 서로 다른 문화에서 각자의 중심이 될 수 있는 것은 — 그래서 그러한 중심 잡기 위에서 가능한 억압받지 않는 상호 주관적 의사소통의 토대 내지 전제는 — 오로지 그 세계에서 통용되고 있는 언어, 즉 모국어이다.

우리는 언어에 대한 우리의 생각을 다음과 같이 종합 정리할 수 있다. ① 언어는 세계를 보는 눈이다. ② 언어는 민족을 묶는 끈이다. ③ 언어는 사고방식을 형성해 주는 틀이다. ④ 언어는 의식의 밑바탕을 이루는 무의식이다. ⑤ 언어는 정서의 공감대이다. ⑥ 언어는 자주와 자율의 바탕이다. ⑦ 언어는 자유와 평등을 위한 조건이다. ⑧ 언어는 학문[과학]을 위한 필수 불가결의 전제이다. ⑨ 언어는 사람 사이의 다리이다. ⑩ 언어는 존재의 집이다.

21세기가 동양의 세기가 될지도 모른다는 예측에 한국의 많은 지식인들이 들떠 있다. 그러나 우리는 한번 서양의 지성인들이 한국의 세계관에서, 한국의 고유한 사상, 문화, 학문, 예술에서 무엇을 배울 수 있는지 곰곰이 반성해 보아야 한다. 우리는 이미 우리의 〈눈〉을 잃어 버려 우리의 사유 방식, 생활 양식, 우리의 외모와 낯빛, 몸짓 모두가 서양화되어 버리지 않았는가. 언어를 잃어버리면 세계를 잃어버리는 것이다. 그래서 소위 선진국들은 언어를 잃어버리지 않으려고 국가적인 차원에서 총력을 기울이고 있는데, 우리는 한자 병용론이니 영어 공용화론이니 하며 자진해서 우리말을 포기하지 못해 안달이다. 세종대왕이 한글 창제를 통해 우리 민족[민중]에게 혀[언어]를 돌려준 것이 서양의 근대화의 시작이라는 종교 개혁보다도 빠른 1443년이었는데, 우리는 아직도 미성년의 보호 상태를 즐기며 남이 대신해서 봐주는 세계에 안주하고 있다. '비틀거리더라도 너의 두 다리로 서서 너 자신의 두 눈으로 세상을 보라'고 충고하는 서양 계몽주의자들의 외침이 귓전을 때린다.

4. **인문학 교양 학술지 〈앎과 삶 사이〉 발간 : 취지와 구체적인 방향**

1) "앎으로써 삶을 방향잡고 삶으로써 앎을 키운다."

"올바른 세계인식과 자아이해를 통해 주체적인 세계형성과 자아실현 이룩하자!"

2) 지적 욕구를 가진 고급 독자들을 위한 인문학 교양 학술지임을 표방

한다. 우리의 문화, 역사, 전통에 바탕한 세계형성과 자아정체성 확립에 관심을 갖는 독자들에게 우리의 삶의 숨결과 무늬가 배여 있는 다양한 읽을거리, 생각 거리를 제공해 준다.

3) 앎과 삶의 돌쩌귀 역할을 자임한다. 앎과 삶 사이를 제대로 잇기 위한 노력을 경주한다. 그 사이의 원활한 매개, 올바른 물음제기, 정확하고 객관적인 사태분석, 폭넓은 상황인식, 전제와 조건을 함축한 지평에 대한 포괄적 이해, 다각적인 시각과 관점 아래에서 다양한 전문가들의 〈묻고 배우는〉 토론과 학습, 나아갈 방향 탐색, 문제 해결 방안 모색, 이론의 틀 형성 시도, 삶에 비추어 되삭여 봄, 삶에 되먹임 등이 그것이다.

4) 우리의 생활세계와 삶의 문법에 바탕한 우리 나름의 고유한 학문 세계와 〈묻고 배우는〉 방법을 확립하려고 노력한다. 우리의 생활세계에 바탕한 우리 나름의 이론의 틀을 찾아내어 체계적으로 정리하려 시도한다.

5) 우리가 누구인지, 무엇을 하며 어떻게 살아야 하는지, 어떤 세계를 만들어나가야 하는지에 대해 이 시대 이 땅에 사는 사람들과 함께 고민하며 방향을 모색한다.

6) 세계사적인 시대인식에 바탕을 둔 문제의식 속에서 우리의 역사, 문화, 전통에 기반한 문제해결 방안을 모색한다. 지구촌 시대에 세계화에서 제기되는 문제를 주체적으로 풀려고 노력하며 그 연구성과를 전세계의 지식인과 공유한다.

7) 모든 학문의 전공자들이 자신의 분야에서 느낀 〈앎과 삶의 괴리〉 체험을 나누어 가지면서 그 해결책을 공동으로 찾아보는 〈묻고 배우는〉

토론의 자리를 갖는다. 학제간의 공동연구의 필요성에 대한 이야기는 무성하지만 실질적인 만남이 이루어지지 못하고 있는 현실이다. 실제로 만나 머리를 맞대고 허심탄회하게 자신의 생각을 말하고 다른 전공자의 문제의식에 귀를 기울여 서로 배우려는 자세를 가질 때 올바른 전체에 대한 그림을 함께 그려 공유할 수 있다.

이기상, 「"우리말로 학문하기 모임" 창립 취지문」, 일주아트센터, 2001년 10월 27일

그 뒤 몇 해를 지나, 환경과 생태문제가 국내외 사회적으로 부각되며, 학술분야에서도 문제의식이 고조되는 분위기에 부응하여 "생명학회"의 태동이 있게 되었다.

거기에도 이기상 교수님이 지도적 위치에 있었으며 회장직을 맡게 되었는데, 그 분과 함께하는 차원에서 부회장의 소임으로 동참하기도 하였다. 이기상 교수님의 주위에는 근무하시는 한국외국어대학교의 동료와 제자들을 비롯하여 철학과 문학계를 중심으로 여러 대학 인문학계의 학자들이 항상 호흡을 같이 하며 관련 학회 활동에 성심으로 동참하였음을 보아왔다. 그 분의 진지한 처사와 후덕한 인품에 신뢰와 존경에 기인한 것으로 볼 수 있다. 마침내 과로한 탓이었겠지만, 언제부터인가 이기상 교수님의 건강에 이상이 생겼고, 사모님의 타계 등의 가정적 불행도 있었으며, 심신의 어려운 상황으로 관련학회 활동의 지도적 소임을 지속하기 어렵게 되었다. 요양차 지방에 은거할 수밖에 없는 처지에 있으면서도 학문적 연찬에 정진하며 저술도 끊이지 않았음은 그 분의 학문적 열정과

생명학회창립총회, 2007년 05월 26일 : 첫줄 오른쪽에서 네 번째가 이기상 교수, 그 다음이 김지하 시인, 정현기 교수

사회적 사명감을 보여주는 비범한 사례라고 할 수 있다.

이제 이기상 교수님이 정년퇴임을 하신다 하니, 세월의 무상함을 새삼 느낀다. 필자도 머지않아 뒤따르게 되겠지만, 자연의 섭리라고 치부하면서도 아쉬움이 크다. 비록 교단을 떠나시더라도 더욱 건강하시고, 우리말로 좋은 글을 많이 쓰셔서, 후학들에게 계속 지도와 편달을 아끼지 않으실 것을 믿으며, 옛적에 다산선생과 초의선사의 교분처럼, 언제 산중에서 작설차를 나누며 흔쾌한 한담을 나눌 수 있는 날을 기대해 본다.

▸ 하이데거 학회 회원의 글

오세영 화백의 그림

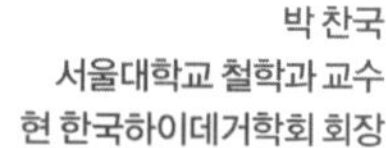
박 찬국
서울대학교 철학과 교수
현 한국하이데거학회 회장

이기상 교수와 초기 하이데거

한국적 상황에서 하이데거 사상을 창조적으로 수용함

1972년 대학을 졸업한 이기상 교수는 신학을 공부하기 위해서 벨지움의 루벵 대학으로 유학을 떠났다. 그러나 이 교수는 유럽에 도착하자마자 큰 충격을 경험하게 된다. 그것은 첫째로 유럽인들이 한국이라는 나라에 대해서 전혀 알지 못한다는 것이고, 둘째는 그리스도교의 영성과 신학을 배우기 위해서 그 본산지인 유럽에 왔지만 정작 유럽에서 그리스도교는 죽어가고 있었다는 것이었다. 이 교수는 그리스도교의 교리와 신학이라는 것이 하이데거의 표현을 빌리자면 유럽의 역사를 건립하는stiften 힘을 잃고 단지 유럽문화의 외관을 장식하는 포장에 불과하다는 것을 깨닫게 되었던 것이다.

이 교수는 첫 번째 충격과 함께 '도대체 나는 무엇인가?'라는 물음에 엄습하게 되었으며, 두 번째 충격과 함께 '진리란 무엇인가?'라는 물음에 엄습하게 되었다고 말하고 있다. 더 나아가 이 교수의 '나란 무엇인가?'라는 물음은 비단 개인으로서의 이기상이 어떤 존재인가를 넘어서 한국인으로서의 나 이기상은 누구냐는 물음이기도 했다. 이 교수는 이 두 충격으로 인해서 원래 공부하려고 했던 신학을 떠나 철학으로 향하게 되었고 자신이 고뇌하던 물음에 대한 해답의 가능성을 하이데거의 대표작인 『존재와 시간』에서 발견할 수 있었다고 말하고 있다.

이 교수는 13년 동안의 유럽 유학에서 자신이 배운 것은 한마디로 '존

한겨레신문 [인문학데이트] 기사

이은주 : 유학 초기 신학을 전공하다가 하이데거 철학으로 공부 방향을 바꾼 이력이 흥미롭습니다. 하이데거 철학은 흔히 존재에게 말을 건네어 실존을 깨우는 것이 중요하다고 이야기되는데요, 전공을 바꾼 계기와 하이데거 철학이 선생님께 어떤 내용으로 말을 건넸는지 궁금합니다.

이기상 : 유신이 선포된 72년에 유학을 떠나 84년까지 13년간 유럽에서 공부했습니다. 원래 신부가 되려고 떠난 유학이었는데 막상 도착해보니 나 자신의 정체성과 진리란 무엇인가란 문제를 놓고 깊은 번민에 빠졌지요. 첫 유학지인 벨기에 사람들은 한국이란 존재에 대해 전혀 모르고 있었고, 공부하려 했던 신학에 대해서도 거의 관심이 없는데 큰 충격을 받았어요. 그 시대 문화의 옷으로서 유럽의 신학은 효력을 다했다는 회의감이 밀려들었고, 두 가지 문제를 나름대로 3년 동안 고민하다 철학으로 돌아가야 한다는 결론을 내렸습니다.

하이데거로 방향을 잡은 것은 존재와의 대화를 중시하는 그의 철학이 자아와 진리 찾기에 나름대로 방향을 제시할 것이란 생각이 들어서였지요. 서구사회가 물질기술문명만을 추구하고 존재자체를 잊어버렸다는 점에서 새 사유의 시원이 필요하다는 그의 담론은 매혹적이었고, 그가 제기하는 인류의 철학적 문제가 무엇인지 알고 싶었습니다. 그래서 오기로 독일에서 학부부터 다시 공부했지요. 그 결과 어떤 사회비판이론도 세계를 바라보는 존재의 눈보다 앞설 수 없다는 믿음을 굳히게 되었습니다.

2001년 2월 21일.

재는 시간 속에서 주어진다'는 것이라고 말하고 있다. 하이데거를 연구하면서 이 교수는 고정되고 확정된 존재의 진리가 처음부터 존재하는 것이 아니라 존재를 이해하는 인간이 존재하는 곳에서는 어디에서나 존재자 전체의 개현이 일어나며 이렇게 존재사건이 일어나고 있는 곳에서는 어디에서건 존재의 진리가 발생했던 것이며 발생하고 있다는 사실을 깨닫게 되었다. 이와 함께 이 교수는 하이데거의 철학에 대한 연구와 함께 '자아 찾기'와 '진리 찾기'의 과정에 일단락의 막을 내렸다고 말하고 있다.

주지하듯이 하이데거의『존재와 시간』에서 이러한 '자아 찾기'와 '진리 찾기'는 항상 동시에 일어난다. 하이데거에 따르면 우리는 본래적 '자기'가 됨으로써 '진리'를 경험하게 된다. 하이데거에게 진리란 근대과학이나 전통철학에서 보는 것처럼 세계나 자아에 대한 객관적인 탐구에 의해서가 아니라 우리 자신이 본래적인 자기로 새롭게 태어남으로써 드러나는 것이다. 진리는 우리가 본래적인 시간성으로서 자신을 시숙時熟시킬 때 그때마다의 상황을 개시하는 것으로서 주어지는 것이다.

하이데거, 존재와 시간을 집필했던 책상 앞에서

이 교수의 문제의식이 이렇게 '자아 찾기'와 '진리 찾기'에 집중되어 있었기 때문에 이 교수의 초기 하이데거 해석에서도 중심이 되는 것은 아무래도 이러한 '자아 찾기'와 '진리 찾기'라고 할 수 있을 것 같다. 본인은 이 교수와 함께 하이데거의 『존재와 시간』은 존재물음을 통해서 궁극적으로는 본래적인 자아와 진리를 발견하는 것을 겨냥하고 있다고 생각한다.

그런데 이 교수의 이러한 '자아 찾기'와 '진리 찾기'는 한국인으로서의 정체성 찾기와 동시에 수행되고 있다는 점에서 또한 특색이 있다고 할 것이다. 박사학위를 마친 후 한국에 귀국하여 대학의 강단에 섰던 이 교수는 당시 우리나라의 지성계를 휩쓸 던 사회주의와 철학은 곧 언어비판이라고 주장하는 언어분석철학과 대결하게 된다. 이 교수는 당시 한국의 철학계는 한국인으로서의 우리의 삶과 분리된 서양의 이론들을 가지고 서로 전쟁을 하는 꼴이었다고 보았다. 이와 함께 이 교수는 하이데거의 철학이 유럽인들의 생활세계에 대한 분석에서 비롯되었다면 우리 역시 우리 자신의 삶에 대한 분석에 입각하여 우리의 철학을 건립해야 한다고 생각했다. 이 교수는 이렇게 말하고 있다.

> 인간이 어차피 시간 속의 존재이며 세계 속의 존재로서 선택의 여지없이 주어진 시간과 세계 속에서 존재할 수밖에 없으며 따라서 모든 시대, 모든 세계, 모든 민족에게 다 통용될 수 있는 그러한 '초월론적 [선험적] 자아 그 자체'란 없다고 한다면, '철학함'에 충실한 한국의 현상학자들에게 주어진 과제는 이 땅의 해석학적 상황을 떠맡아 그 주체인 초월론적 자아를 탐구하는 것이 아니겠는가?

한국의 철학자들은 서양의 철학이론을 해독하고 정리하는 것이 아니라 이 땅의 생활세계를 분석하면서 이 땅의 사람들이 지향해야 할 삶의 모습을 제시하는 것을 과제로 해야 한다는 것이다. 한국의 철학계가 갖는 식민지적 성격에 대해서 이 교수가 제기하는 이러한 비판은 사실 이 교수뿐 아니라 많은 사람들이 이구동성으로 제기하는 비판일 것이다. 사실 그런 비판을 그 누가 하지 못하겠는가? 그러나 이 교수는 단지 비판하는 데 그치지 않고 '이 땅에서 철학하기'의 모범을 직접 보여주었다.

이 교수가 시도한 '이 땅에서 철학하기'가 성공했는지 아니면 실패했는지는 아직 섣불리 평가할 수는 없을 것이다. 그러나 이 교수의 시도가 설령 실패하고 그의 시도가 망각 속에 파묻히더라도 적어도 이 교수는 그러한 시도를 감행해 보았다는 사실은 변함이 없다. 바로 이 점에서 이 땅에서 철학하는 사람이라면 이 교수에 대해서 경의를 표할 수밖에 없다고 생각한다. 그리고 바로 그 점에서 본인은 이 교수의 항상 단아하고 깔끔한 외모 이면에는 다른 어떤 사람도 따라잡을 수 없는 힘과 정열이 있다고 생각한다.

이 교수의 이러한 문제의식은 『존재와 시간』에서 하이데거를 규정하고 있는 문제의식을 우리나라의 상황에서 계승하는 것이라고 할 수 있다. 하이데거 역시 『존재와 시간』에서 현존재가 구현할 본래적인 가능성은 자신이 속한 공동체와 고립된 가능성이 아니라 민족의 유산을 계승하는 것이라고 말하고 있다.

『존재와 시간』을 중심으로 한 하이데거의 초기 사상을 파악하는 방식이 갖는 독특성도 이 교수의 이러한 문제의식의 연장선에서 파악될 수 있다. 이 교수는 『존재와 시간』을 중심으로 한 하이데거의 초기 철학이 갖는 철학사적 의미를 다음과 같이 파악하고 있다.

1. 과학과 이론에 대한 실천의 우위를 드러냄

하이데거는 『존재와 시간』에서 과학 자체도 우리의 생활세계에 뿌리박고 있고 과학적 진리라는 것은 생활세계에서의 진리의 파생적 형태라는 것을 드러냄으로써 과학지상주의에 제동을 걸었다. 이와 함께 우리가 어떻게 살고 무엇을 지향할 것인지에 대한 고민은 과학에 의해서가 아니라 우리의 생활세계에 대한 분석을 통해서 주어질 수 있다는 사실을 밝혔다.

2. 주체적 인간에 대한 새로운 구명

근대철학은 인간을 태어나지도 죽지도 않는 의식적 이성을 중심으로 하여 파악했다. 이에 반해서 하이데거는 키르케고르의 실존적인 인간이해를 받아들이면서 인간은 죽음 앞에서 자신의 존재 자체를 문제 삼는 존재라는 사실을 인간 해명의 가장 중요한 실마리로 삼았다. 이 교수는 이와 함께 전통철학은 우리 각자의 죽음에 대한 망각에 의해서 규정되어 있다고 말하고 있다.

3. 상황에 내던져진 인간의 구명

하이데거는 인간을 세계-내-존재라고 보고 있다. 이러한 세계는 항상 어떤 상황으로 나타난다. 전통철학이 시간과 공간에 얽매이지 않는 이른

바 순수영혼이나 순수영혼을 인간의 본질로 보았던 반면에, 하이데거는 인간을 육체를 가진 인간으로서 언제나 상황 속에 내던져져 있는 존재로 본다. 그렇다고 이 '세계 속의 존재'인 인간이 무기력하게 주어진 상황에 운명적으로 떼밀리어 자신의 일생을 살아나가는 것은 아니다. 인간의 위대함은 자신의 상황을 떠맡아 거기에서 자신의 최대의 존재가능성을 길어 내올 수 있다는 데에 있다.

4. 시간적·역사적 인간의 구명

육체가 갖고 있는 최대의 제약은 죽음이다. 그래서 인간은 언제나 항상 명시적으로든 묵시적으로든 죽음과 관계를 맺으며 존재하고 있다. 이러한 존재방식을 하이데거는 '죽음을 향한 존재'라고 명명한다. 죽을 수 있는 존재인 인간은 자신의 죽음에로 미리 앞서 달려가 미래에로 자신의 가능성을 기획 투사하여 그 가능성 아래에서 자신의 존재가능성을 기획하여 현재를 살아나간다. 그러한 존재가능성 아래에서 과거의 현사실적 존재해 왔음을 자신에게 주어진 과제로 떠맡아서 새롭게 반복하여 재해석하며 과거를 다시 잡을 수 있게 된다. 이렇게 탄생과 죽음 사이에서 일어나고 있는 나의 존재적 생기가 곧 나의 '역사'인 것이다. 나의 역사는 내가 그 세계에서 태어나 그 세계의 역사를 떠맡아서 존재하고 있는 그 민족적 역사의 한 부분이다. 역사적 인간은 자신의 역사적 상황을 떠맡아 결단을 내려 새로운 역사적 지평을 열어나가야 할 임무를 띠고 있다.

포스트모더니스트들의 <근대성비판>

지금 그나마 세계를 하나로 묶으며 지성인들 사이에서 철학적 공감대를 형성하고 있는 것은 아마도 포스트모더니즘 논쟁일 것이다. 포스트모더니즘이 시대정신이냐 유행이냐 하는 논쟁은 차치하고라도 우리가 서 있는 시대적인 현대를 철학적으로 분석해 보고자 하는 시도에는 그만한 충분한 의미가 있다고 할 수 있다. 더욱이 포스트모더니즘이 이성에 의한 획일화에 반대기치를 높이 처들고 다원주의를 외치며 그에 부합하는 새로운 패러다임을 추구하고 있으니 말이다. 우리는 한 번 포스트모더니스트들이 주장하는 <근대성비판>을 출발점으로 삼아, 현대가 무엇이 문제인지를 비판적으로 반성해 보자.

(가) 신적인 것의 퇴치와 세속화

근대화의 추세는 종교개혁 이후 전개되기 시작한 계몽운동과 그 맥을 같이한다는 것이 거의 공통된 견해이다. 종교적 내지는 형이상학적 세계관이 인간의 생활세계를 고루 통제하여 모든 영역을 통합하고 있었는데, **이러한 통일적인 세계관이 종교개혁 이후 무너지기 시작하며 세계가 분화되기 시작했다**는 것이다. 신을 존재하는 모든 것의 제일원인이자 창조주로서 보는 형이상학적 세계관은 이제 그 자리를 이성적 세계관에 내주어야 했다. 신은 이성에 의해서 세계가 다스려지도록 창조했고 인간에게 이성적 능력을 부여해줌으로써 인간이 세계를 관장할 수 있도록 마련해 놓은 것이다. 신은 역사의 전면에 나설 필요가 없고 이제부터는 인간이 이성으로써 모든 것을 설명하고 다스리고 통제해야 하는 것이다.

(건너뜀)

이렇게 서구의 근대화운동의 고속도로를 깔기 위해서 무엇보다도 먼저 신 내지는 신적인 것을 우리의 생활세계에서 서서히 몰아내야 했다. 신에 대한 요청을 감안한다 해도 그것을 극도로 제한하여 인간의 개인적인 사적 차원에 국한시켰으며, 그래서 현실을 설명하고 통제하는 데에 개입하지 못하도록 원천적으로 봉쇄하였다. 모든 존재영역을 관장하던 신적인 것이 이제는 종교적 영역이라는 극히 제한된 현실영역을 일부 필요로 하는 심약한 사람들을 위해 용인되고 있는 셈이다. 현대에서의 <현대성비판>의 배경에는 이러한 **생활세계로부터 신적인 것의 퇴치와 그에 따른 세속화 내지 합리화**가 그 밑바탕에 깔려 있는 것이다.

(나) 이성적 현실인식 비판

서구적인 이성적 자연인식과 설명의 밑바탕을 이루고 있는 원칙은 **동일성의 원칙**과 **근거의 원칙**일 것이다. 이성은 존재자의 다양함 속에서 개개의 존재자의 동일성을 확보해주며 천차만별의 다양성 속에서 동일한 요소들을 발견해내 그것을 보다 넓은 보편범주 속으로 정리해 주어 다양과 혼잡에 질서를 부여하는 능력이며, 존재하는 모든 것을 그 근거에 있어 설명해 주어 낯선 것을 친숙한 것으로 만들어 우리의 세계의 범주로 동화시키는 능력이다. 이러한 근본원칙을 토대로 삼아 자연현상뿐 아니라 사회현실까지도 투명하게 설명해 낼 수 있는 보편적 법칙 또는 체계를 만들어내기에 이른 것이다.
이러한 서양적 자연 내지는 사회인식에서 우리는 다양과 혼돈, 이질적인 것 그리고 설명할 수 없는 것과 불합리한 것에 대한 **서양인들의 비포용적인 태도**를 확인할 수 있다. **질서를 형성하는 것, 논리적인 것, 합리적인 것**이 과학과 철학 그리고 예술에 있어서도 서양인들 사고의 중요한 지도원리 또는 이념이 되어 왔다. 현실세계가 드러내는 혼돈과 갈등은 논리적으로 제거되어야 하며, 그것은 언제나 합리적으로 이해될 수 있는 것으로 간주된다. 갈등과 불일치, 서로 다름 등이 세계질서의 불가피한 전제조건임을 서양의 사상가들은 즐겨 받아들이려 하지 않는다.
논리적인 것, 합리적인 것에 호소하는 습관은 -- 합리주의, 경험주의 어느 철학 전통에 속하든지 상관없이 -- 서양인들 마음 가운데 깊이 자리 잡고 있는 신앙과도 같다.(줄임)

(다) 존재하는 것만이 전부가 아니다

있는 그대로의 현실 전체를 과연 인간의 이성으로 다 파악하고 언어로 표현할 수 있는가? 인간의 이성에 의해 확인될 수 있는 것만이 <존재>라는 명칭을 받을 수 있는가? 따라서 이성의 빛 안으로 들어오지 않는, 들어올 수 없는 것은 모두 <없는 것[無]>이라는 판정을 받아야 하는가? 지속적으로 눈앞에 있는 것으로 이성의 눈에 의해 확인되어야만 존재하는 것이 되는가? 더 나아가 언어로 표현될 수 있는 것만이 존재한다고 주장되거나 양적으로 계량화할 수 있는 것만이 존재한다고 주장하는 데에야 무슨 반론의 여지라도 남을쏜가.
이 얼마나 **오만한 인간중심적이고 이성중심적인 생각**인가? 이에 대해 리오타르는 서술할 수 없는 것이 존재한다는 사실에 대한 감정을 예민하게 만들기 위해 새로운 서술들을 찾아내야 한다고 주장한다. (건너뜀) "전체에 대항해서 전쟁을 하자. 표현될 수 없는 것의 증인이 되고, 분쟁들을 활성화하고, 그 이름의 명예를 구출하자."(장-프랑소와 리오타르, 「질문에 대한 답변 : 포스트모던이란 무엇인가」, 『지식인의 종언』, 이현복 편역, 문예출판사, 1993, 43 쪽.)

(라) 인간중심주의 비판과 탈중심적 경향

주체형이상학적 사유는 존재하는 모든 것을 자기 앞에 세워 (표상해) 계산 가능한 것으로 만들어서 조작 가능한 것으로 만들고 결국은 제작 가능한 것으로 만들어 자신의 **지배의 의지** 아래 두려고 한다. 이러한 초월론적 주체에게 존재하는 모든 것은 획일적으로 대상이 되고 효율적 기능적 의미를 부여받아 주체의 세계지평 속으로 편입된다.
(건너뜀)
현대에서 분출되고 있는 탈중심적 경향은 크게 두 가지 관점에서 주목을 요하고 있다. 첫째는 절대적 자아를 상정한 절대중심이란 없다는 점이다. 유일하게 참다운 세계가 있는 것이 아니고, 유한한 시간적 존재인 인간이 다양한 삶의 시간적 공간적 맥락에서 형성해내고 있는 **여러 상이한 세계들이 있을 뿐**이다. 한 세계에서 통용되고 있는 잣대를 유일한 척도로 사용해 다른 세계를 평가할 수는 없다. 세계들 간의 열린 대화가 필요한 시점이다. 둘째는 자연을 인간의 세계로 변형해 나가는 인간의 문화적 능력 자체에 대한 반성의 관점이다. 즉 인간중심주의 자체에 대한 비판이다. 자기중심, 종족중심, 국가중심 등과 같은 다양한 중심적 사유태도 자체가 인간의 조건 지어진 사고방식이라고 한다면, 그리고 이러한 사유방식의 산물인 인간의 기술과학문명이 자연 전체를 위기로 몰아넣고 있다면, 이러한 인간의 자기중심적 태도가 비판되어야 하고 **다른 대안적 태도**가 궁구되어야 할 것이다.

(마) **직선적 역사관 비판**

「고전적」에 대비된 「근대적」이라는 낱말의 유래에서도 드러나듯이, <근대성>은 그 유별난 「새로움의 추구」에 의해 두드러진다. 이 **호기심 많은 새로움에 대한 욕망**이 근대과학과 기술의 원동력이 되었고 눈부신 발명과 발견의 밑바탕이 되었다는 것은 의심의 여지가 없다. 이것이 자본주의와 손을 잡고 거대한 산업화의 기적을 이루어낸 것은 분명 인류의 역사에 있어 간과할 수 없는 위대한 업적일 것이다.

그러나 이제 새로움과 진보가 익숙해져버린 현대가 큰 문제로 부각이 되고 있는 셈이다. 새것이 미덕인 현대의 「소비사회」에서는 그 체제가 살아남기 위해서라도 끊임없이 개량이 요청되는데, 이것은 이미 여러 면에서 한계에 봉착했다. 종교적인 목표점이 배제된 진보의 이상은 공허하다. 진보의 최종목적은 그 안에서 항상 새로운 진보가 가능해야 하는 그러한 제반 조건들을 창출하는 데에 있다. 그러나 **「방향」이 소실된 진보는 해체의 운명을 피할 수가 없다.**(참조 자니 바티모, 「현대의 종말」, 『포스트모더니즘의 철학적 이해』, 이진우 엮음, 서광사, 1993, 160 쪽.)

무한한 진보와 발전이라는 낙관적 역사관이 몰고 올 것은 결국 자기 파멸임을 포스트모던 철학가들은 경고하고 있다. 이제는 근원, 원천에 대한 회상적 사유가 강조되고 있고 자연의 순환적 운행에서 많은 것을 배워야 함을 깨닫게 되었다. **동양적인 순환적 사유방식**이 서구의 유행적 소비문화에 어떤 대안적인 해결의 실마리를 제공하지나 않을까 기대하는 지성인들이 있다.(참조 Dieter Sinn, *Ereignis und Nirwana. Heidegger - Buddhismus - Mythos - Mystik. Zur Archäotypik des Denkens*, Bonn 1991.)

강연 <현대철학의 흐름과 쟁점>(1992.2.22) 에서 뽑은 글

다른 하이데거 연구자들이 이 교수를 넘어설 수 없는 점은 이 교수는 초기 하이데거의 문제의식과 인간이해를 자신의 것으로 소화하면서 이 땅에서 개현된 존재의 소리에 귀를 기울이려고 적극적으로 노력했다는 점일 것이다. 이 점에서 이 교수는 하이데거 사상에 대한 단순한 연구자에 그치지 않고 하이데거가 말하는 진정한 사상가Denker가 되려고 노력했다고 할 수 있다. 이 교수는 유영모나 함석헌과 같은 사상가들과 김지하 같은 시인들 그리고 우리의 일상 언어에 이미 개현되어 있는 존재의 소리를 드러내려고 했으며 그것을 우리의 소중한 유산이자 우리가 장차 구현해야 할 본래적인 가능성으로서 드러내려고 했다.

이 교수는 또한 이러한 문제의식과 함께 하이데거에 대한 글뿐 아니라 하이데거의 저서들도 우리말로 번역하려고 했다. 앞에서 언급한 것처럼 이 교수가 실제로 수행한 작업이 과연 우리의 역사를 새롭게 건립할 수

있는 힘을 갖는지 어떤지는 평가하기에 아직 이를 것이다. 그러나 적어도 이 교수는 우리의 역사를 새롭게 건립할 수 있는 철학을 찾기 위해서 고투苦鬪했다. 이 점에서 이 교수는 앞으로도 이 나라의 하이데거 연구자들뿐 아니라 철학하는 모든 사람들에게 지속적으로 귀감으로 남게 될 것이다.

이기상 선생님의 '성스러움'에 대한 논의

강 학순
안양대학교
기독교문화학과 교수

1. 왜 '성스러움'이 중요한가?

이기상 선생님은 아래와 같이 '성스러움'이란 주제에 대해서 4편의 학술논문들을 발표하고, 또한 평화방송의 신앙대학에서 강의를 한 바 있다. ①「하이데거에서의 존재와 성스러움」, (<철학> 제 65집, 한국철학회, 2000) ②「다석 유영모에게서의 텅 빔과 성스러움」, (<철학과 현상학연구> 제16집, 한국현상학회, 2001) ③「존재에서 성스러움에로! 21세기를 위한 대안적 사상모색, 하이데거의 철학과 유영모 사상에 대한 비교연구」, (<해석학연구> 제8집, 한국해석학회, 2001) ④「성스러움과 영성」, (<철학과 현상학 연구> 43집, 2009) ⑤「성스러움과 없음의 경험」 (<평화방송 TV 신앙대학 강좌>. 2001) 이 연구들을 바탕으로 한 '성스러움'의 논의들을 소개하고자 한다.

오늘날 첨단 과학과 기술의 시대에서는 '성스러움das Heilige'과 신들의 영역 및 영성이란 주제들이 쉽게 외면당하거나 부정되고 있는 실정이다. 인간의 세속적 안위와 온전함을 구축한 기술의 바벨탑 아래에서, 이제 그러한 것들은 불필요하게 되고, 추방되어야 할 것들에 속한다. 더욱이 성·속의 구분마저도 폐기되어야 할 구시대의 유물 정도로 취급되기도 한다. 그리하여 이 시대는 '성스러움이 사라지고, 신들이 도주한 시대'로 명명된다. 더욱이 '성스러움'이란 주제는 철학에서 다루기에는 어울리지 않거나 부적절한 것으로 보이기에, 이는 종교나 신학의 주제로 삼아야 할 것 같다. 특히 이 주제에 대해서는 신학, 종교학, 미학 분야에서 오토(R. Otto)의 『성스러움의 의미』, 엘리아데의 『성과 속』, 카이유R. Caillois의 『인간과 성스러움』이란 저작들이 이 분야의 대표적인 저작들이다. 특히 오토의 글은 종교경험 속에서 비이성적인 면, 감성적인 면의 중요성을 부각시킴으로써 무한히 확대되는 인간의 삶의 영역을 보여주고 있다. 그는 종교경험이 종교경험으로 구별될 수 있는 분명한 이유를 '성스러운 체험' 즉, '누미노제 감정das numinose Gefühl' 때문이라고 본다.

이런 맥락에서 오늘날 기술공학 시대에 '성스러움'을 철학적 주제로 불러들이는 것은 이례적인 '하나의 지적 모험'이고, '광야에 외치는 소리'로 들릴 위험성을 내포하고 있다. 그럼에도 불구하고 이기상 선생님은 '성스러움'이나 '성스러움의 차원'에 대한 숙고는 '형이상학적 존재'로서의 인간에게는 가장 중요하고도 화급한 철학적 과제임을 밝히고 있다. 특히 동시대인들로서 서양에서는 하이데거, 한국에서는 다석 유영모 선생이 공히 철학자로서 이 주제에 대해 천착한 것을 착안하고, 양자를 비교하면서 논의를 전개하고 있다.

2. 하이데거에 있어서 '성스러움'의 이해

하이데거에 의하면 '존재망각'의 역사와 더불어 '성스러움'의 영역이 사라지게 되어 결국 신들도 떠나게 되었다는 것이다. 그리하여 현시대의 유일한 불행Unheil은 구원Heil의 차원이 닫혀 있다는 사실이다. 이제 오늘날 현대인에게 구원이냐 불행이냐를 결정하는 것은 '성스러움'이다. 이런 점에서 하이데거는 "오직 신만이 우리를 구원 할 수 있다"(「슈피겔지 인터뷰」)고 말하고 있다. 칠흑 같은 이 어둠 속에서 구원해 줄 신의 도래를 준비하기 위해 인간이 무엇보다도 먼저 해야 할 일은 '성스러움'의 영역을 마련하는 것이라고 보는 것이 하이데거의 통찰이다. 왜냐하면 신은 오직 성스러운 곳에서만 만날 수 있다고 보기 때문이다.

그러면 '성스러움'이란 무엇인가? '성스러움'은 어원적으로 '온전하게 하다, 치유하다, 상한 것 및 상처 난 것을 다시 온전하게 하다heilen'이다. 그것은 특히 '상처받지 않은 것das Unversehrte'을 의미한다. 여기서 '온전한heil' 상태는 한편으로 본래의 원상태이며, 더 나아가서는 어떤 것이 도달할 수 있는 최상의 상태를 뜻한다. 여기서 독일어 하일렌heilen은 결국 온전한 상태로 회복시켜 주든가 아니면 그것이 놓여 있을 수 있는 최상의 상태에로 이끌어 줌을 의미한다. 특히 하이데거는 『횔덜린 시에 대한 해명』(전집 4권), 「인도주의 서한」에서 '성스러움' 혹은 '성스러운 것das Heilge'을 심도 있게 논구한다.

그것은 온전하게 하는 것, 해맑은 것die Heitere, 지고한 것die Hohheit, 명랑함die Frohheit이며, 모든 기쁨의 근원이요, 순수한 청명이 생기하는 근원이다. 무엇보다 횔덜린은 '자연physis'을 '성스러움'이라 명명함을 하이데거는 부각시키고 있다. 자연이 깨어날 때 그것은 자신의 본질의 성스러움으로 드러낸다. 그것은 비은폐성드러남)으로서 존재의 진리이며, 이것은 존재하고 있는 모든 것에게 머물러 있음의 안녕무사, 운을 선사하고 있다. 성스러움의 본질은 '열어주며 환히 밝히는 것'이다. 무엇보다 '성스러움'은 '떠나버린 신들의 흔적', 혹은 '신성의 본질 공간'으로 규정된다. 성스러움은 가이-없는 공간과 끝이 없는 시간 전체를 말하는 것이다. 열린 장의 열려있음과 시·공간을 모두 포괄하는 전체로서의 성스러움은 존재의 지평을 넘어선다.

이기상 선생님은 하이데거를 따라 성스러움의 세 차원을 구별하여 설명한다. 즉 신비한 힘으로서의 성스러움 그 자체, 성스러움이 보존시키고 유지시키는 상태로서의 온전함, 온전하게 되는 과정 등이 그것이다. 성스러움은 인간들에게 말을 건네고 있다. 그러나 모든 인간이 다 성스러움의 말 건넴에 응답할 수 있는 것은 아니다. 오로지 시인만이 성스러움을 명명할 수 있다고 보는 것이 하이데거의 견해이다. 그리고 그가 횔덜린의 시를 통해 제시해 보이고 있는 성스러움의 특징들은 온전함전체성, 열려있음개방성, 자신을 숨김은닉성 그리고 신비스러운 힘작용성 등 네 가지로 요약할 수 있다고 본다. 따라서 성스러움은 인간의 경험적인 차원을 넘어서 있음을 지시하고 있다. 성스러움에 대한 하이데거의 핵심 논점은 아래와 같다.

> 존재의 진리에 대한 물음으로부터 숙고하는 사유는 형이상학이 물을 수 있는 것보다 더욱 시원적으로 묻는다. 이러한 존재의 진리로부터 비로소 성스러움의 본질이 사유될 수 있다. 성스러움의 본질로부터 비로소 신성의 본질이 사유될 수 있다. 신성의 본질의 빛 속에서 비로소 신이라는 낱말이 무엇을 이름 하는지가 사유될 수 있고 말해질 수 있다.
>
> 「인도주의 서한」

그러나 성스러움은 존재의 열린 장이 밝혀지지 않고 또한 그 밝힘 안에서 인간이 가까이 있지 않다면, 이미 차원으로서는 닫힌 채 남아 있을 뿐이라고 한다. 따라서 열린 장의 근원성과 시원성을 보장해 주는 성스러움으로서의 자연은 그 자체 손상될 수 없는 것이다.

신들이 스스로를 나타내 보이도록 하기 위해서 시인은 신들과 인간들 위에 있는 성스러움을 표현해야 한다. 그런데 성스러움은 시인에 의해 스스로를 중재하도록 하고 있는 직접적인 것이다. 신들과 시인 사이의 중간에 성스러움이 서 있다. 시인은 성스러움을 말할 수 있기 위해서는 신들에 의존해야 한다. 시인의 사명은 성스러움을 명명하는 것이다. 인간에게 낱말을 선사하는 방식으로 인사하는 것 – 그래서 인간이 그 낱말을 갖고 그 자신의 현재에 도래하고 있는 원천을 인사할 수 있도록 – 은 다른 것이 아닌 '성스러움'이다. 이런 '성스러움' 및 '성스러움의 차원'은 현대인이 망각하고 있지만, 우리의 온전함을 위해 다시 숙고하고 회상해야 할 사유의 근원적 사태이다. 하이데거에 의하면 인간은 대지를 보존하고 하늘에 대한 경이로움을 잃지 않고 성스러운 신적 차원을 겸허히 받아들이며, 동료 인간과 동행하는 연대적 삶의 가능성이 인간의 본질에 있다고 본다.

3. 다석 유영모에 있어서 '성스러움'의 이해

이기상 선생님의 의하면, 다석 유영모는 '성스러움'의 영역을 닦기 위해 자신의 일생을 바친 이 시대 마지막 사상가의 한 사람이다. 다석에 의하면 '성스러움', 즉 '거룩함'은 한마디로 '없이 계심'이다. 인간이 이 '없이 계심'에 접근해 갈 수 있는 가능성을 잃어버렸기 때문에 인간에게 더 이상 '성스러움'도 '신적인 것'도 '신성'도 없어져 버린 것이다. 이 '없이 계심'에 대한 시야를 되찾지 못하는 한, 우리는 떠나버린 신의 도래를 기대할 수 없다. 이 거룩함은 몸의 눈으로는 보이지 않는다. 마음의 눈으로도 볼 수 없다. 오직 얼의 눈으로만 볼 수 있다. 인간이 '얼 나'로 솟아나야만 그 성스러움을 맞을 수 있을 뿐 아니라, 바로 그 성스러움과 하나가 될 수 있다는 것이다.

다석에게 '빔'과 '무'가 성스러움의 영역일 수 있다. 말하자면 '있음 자체'가 있음의 지평 안에서만, 즉 공간과 시간 안에서 테두리지음에 의해서만 있을 수 있는 것이라면 그러한 있음 속에 하느님을 담을 수는 없다. 테두리 지어지지 않은 있음, 한계가 없어 사방팔방 무한히 열린 있음은 한마디로 '빔', 즉 텅 빔이다. 이는 '있음'의 관점으로 보자면 없음인 '무'이다. 이 텅 빔과 무가 이제 하느님의 나타남을 예비할 성스러움의 영역일

이기상 교수, 크리스찬 아카데미에서 '성스러움'에 대해 강의, 2003년 11~12월

수 있다고 본다.

다석에게 있어서는 하나님은 본디 이름이 없다. 하나님에게 이름을 붙일 수 없다. 하나님에게 이름을 붙이면 이미 신이 아니요 우상이다. 이러한 '없이 계신 하나님'은 우리에게 찾아오시고 우리와 함께 하신다. 신이 떠나버린 어둠의 현 시대에 신이 도래할 수 있는 '성스러움'의 영역을 예비할 수 있는 여지를 다석 사상이 마련하고 있다고 본다. 그는 성스러움과 어떻게 교통할 것인지를 스스로 실천하여 새로운 영성의 길을 제시하고 있음을 이기상 선생님은 확언한다.

지금까지 말한 것을 다석 유영모의 사상이 지니고 있는 정신사적·철학사적 의미에 비추어 종합 요약해 보기로 하자. 앞에서의 고찰에서 드러나고 있듯이 우리는 다석 사상에서 현대의 인류를 옥죄고 있는 수많은 문제들이 해결될 수 있는 단초를 찾아낼 수 있음을 다시 한 번 확인할 수 있었다.

첫째, 신이 떠나버린 칠흑 같은 어둠의 현 시대에 신이 도래할 수 있는 <성스러움>의 영역을 예비할 수 있는 여지를 다석 사상이 마련하고 있다고 할 수 있다. 성스러움과 어떻게 교통할 것인지를 스스로 실천하여 새로운 영성의 길을 제시하고 있다.

둘째, 그로 인해 인간이 자신의 생활세계에서 내몰았던 <신적인 것>을 되찾아 올 수 있는 가능성을 발견할 수 있으며, 철두철미 세속화된 삶에 신적 차원이 들어설 수 있는 활동공간을 열어 놓았다. 신에 대한 인간의 실존적 관계맺음을 새롭게 정립함으로써 새로운 종교성의 가능성을 보여준다.

셋째, 최고의 척도, 흔들릴 수 없는 지반으로 통용되어 오던 <이성>의 독재와 횡포에 제동이 걸리게 되었다. 이성이, 아니 인간이 지닐 수밖에 없는 시간적·공간적 제한이 부각되며 <인간 중심적> 시각이 갖는 한계를 적나라하게 드러낸다. 인간이 <사이 존재>임을 강조하여 하늘과 땅, 그리고 신성과 맺는 관계의 사이를 통해 인간에 대한 새로운 시각을 열어준다.

넷째, 이성에 의한 진리발견, 언어에 의한 진리표명에만 관심을 두어 왔던 <서양의 정신사>가 일면적임을 지적하고 다른 문화권에서 일어나고 있는 존재사건, 진리사건에도 주목하도록 촉구하였다. 한국적인 사상적 대안의 가능성을 보여주었다.

다섯째, 이성의 빛 안에 들어오는 것만을 존재 내지 존재자라고 규정하며 그 밖의 모든 것을 무(無)의 심연으로 던져버린 <존재중심의 사유>를 비판하며 존재의 유래로서의 無, 空, 虛에 더 큰 비중을 두어 철학사에 획기적인 사유의 전환의 계기를 마련해 주었다.

여섯째, 물질과 쾌락에서 <자기 동일성>을 찾는 현대인의 잘못된 인생관을 철저히 비판하며 새로운 자아론에 입각하여 <참나>를 찾아가는 길을 마련하였다. 몸나에 사로잡히지 말고 맘나에 마음을 빼앗기지 말고 얼나로 솟나 하늘과 땅 사이에서의 제긋을 다해야 하는 인간의 사명이 강조되고 있다. 오로지 육체만이 자신의 전부인 줄 알고 육체에 탐닉해 살고 있는 현대인에게 새로운 <자기 정체성>을 일깨워 준다.

일곱째, 환경문제, 생태문제로 골머리를 썩히고 있는 현대인들에게 <새로운 우주론>을 제시해 줌으로써 우주와 더불어 하나가 되어 살아나갈 수 있는 방법을 보여준다. 하늘과 땅, 신적인 것과 더불어 <한아>를 이루면서 <한얼>과 하나됨을 통해서 새로운 삶의 문법, 논리를 찾아나갈 수 있는 실마리를 제공하고 있다.

여덟째, 지금 여기 이 땅에서 철학할 수 있는 가능성이 무엇인지를 밝혀주었으며 <우리말로 철학>할 수 있는 가능성을 제시해 주었다. 세계화의 추세 속에서 문화적 정체성을 잃어가며 다시 한 번 주변인으로 떨어져가고 있는 한국인에게 세계철학 속에 떳떳하게 자신의 철학을 정립할 수 있는 가능성을 열어보이고 있다.

아홉째, 전통 가치관은 붕괴되어버렸고 새로운 가치관은 아직 정립되지 못한 가치관 부재의 우리에게 서양에서 수입한 가치가 아닌 우리의 고유한 <근본가치를 정립>해줄 수 있는 가능성을 제시하고 있다. 그리고 그러한 근본가치로써 현대가 필요로 하는 새로운 기본가치의 모색에 일조할 수 있음을 보여주고 있다.

끝으로 빛깔에 홀리지 말라는 다석의 경종에 귀를 기울여보자.

우리는 소경입니다. 볼 줄 모릅니다. 우주가 있는 뜻을 모릅니다. 단지 태양광선만을 빛으로 알고, 그 빛을 좇는 데 정신이 없습니다. 말끔히 영광을 좇아 단지 거짓된 허영에 살 따름입니다. 해와 달, 저것이 있는 것입니까? 없습니다. 있는 것은 오직 '나', 그 중에도 생각 이것뿐입니다. 항상 없는 것인데 문제는 '속알'입니다. 참을 이야기하는 것은 속알이 이야기하는 것입니다.

유영모, 『다석강의』, 다석학회 엮음, 현암사, 2006, 824쪽.

이기상, 「태양을 꺼라! 존재중심의 사유로부터의 해방. 다석 사상의 철학사적 의미」, 『인문학 연구』(제4집), 한국외국어대학교 인문과학연구소, 1999.

4. 맺음말

하이데거와 다석의 이 주제에 대한 논의를 전개하는 데 있어서 생략하고 있는 부분이 엿보인다. 기독교 신학적 유래와 희랍적 전통에서 사유하는 하이데거의 '성스러움'에 대한 논의와 유·불·선의 전통에 서 있는 다석의 견해를 비교하기 위해서는 비교를 위한 척도 및 비교를 정당화시킬 수 있는 선결조건이 마련되어야 할 것 같다. 두 사상가를 비교하기 위해서는 그들의 사유의 단순한 병렬적 서술이 아니라, 성스러움의 개념이 서양의 유신론, 일신론, 범신론, 범재신론, 동양적 신관의 프리즘 안에서 어떻게 조명되고 그것과 어떤 연관을 지니고 있는지가 검토되어야 할 것 같다. 이런 양자의 신관의 유사점과 차이점이 논의되면서 '성스러움'이 다뤄진다면, 독자들을 이해시키는 데 보다 더 도움을 줄 수 있을 것으로 여겨진다. 이런 점에서 한국의 천지인天地人 사상과 하이데거의 '사방세계'의 논의의 유사점과 차이의 비교연구 하에서 이 주제는 더 잘 드러날 것으로 여겨진다. 다시 말해 하이데거의 하늘과 신적인 차원의 차이 그리고 하이데거의 '하늘'과 동양의 '천'天 개념의 유사점과 차이 등의 논의가 선결과제에 속한다.

그럼에도 불구하고 이기상 선생님의 앞서 열거한 논문들과 강연은 하이데거와 다석의 사상에서 나타나는 '성스러움'에 대한 논의들을 소개하면서 그것의 중요성을 부각시키는 데 큰 기여를 하고 있고, 후행연구의 토대연구로서 그 의의가 있어 보인다.

세속화된 세계에서 신에 이르는 길 찾기

1.

철두철미 세속화되어 버린 현대사회에서 **신에 대한 이야기**는 과연 의미 있는 언설인가? 21세기 최첨단 과학기술과 정보화시대를 눈앞에 둔 우리에게 신에 대한 이야기는 시대에 뒤떨어진, 덜 문명화된 인간들의 어리석음의 표지 아닌가? 모든 것이 과학에 의해 투명하게 설명되고 유지되고 있는 고도로 문명화된 현대 사회에 과연 신이 설 자리가 아직도 남아 있는가? 신에 대한 이야기는 계몽의 추세가 현대에서 마지막으로 쓸어내야 할 어두운 구시대의 마지막 찌꺼기 아닌가? 신은 자신의 의지력으로 세상을 헤쳐 나갈 자신이 없는 심약한 사람들의 도피처 아닌가? 『종교철학』의 저자인 벨테(Bernhard Welte)는 이렇게 말하고 있다.

철저하게 세속화된 세계에서 신에 이르는 길을 찾을 수 있는가? 철두철미 세속화된 현대의 실증주의적이고 합리적인 과학의식에게 신은 불필요한 가설처럼 보일 뿐이다. 완벽한 합리적 세계질서 속에서, 우리의 관료화된 세계의 대관료체계 속에서 우리는 더 이상 신에 대한 물음을 제기할 필요를 느끼지 않고 있는 듯하다. 근대의 계몽은 지나간 종교의 역사를 극복된 선사(先史) 정도로 치부하여 뒤켠으로 치워 버렸다. 신존재증명에 대한 칸트 식의 비판은 오래 전부터 교양인의 일반적 교양물이 되었다. 따라서 우리의 전체 현대 세계가 신에 이르는 길과 같은 것을 모르고 있는 듯 하며 또한 그런 것에 관심조차 없는 듯하다.

Bernhard Welte, "Versuch eines Weges zu Gott in einer säkularisierten Welt(세속화된 세계에서 신에 이르는 길 모색", *Gottesbilder heute*(오늘날의 신에 대한 그림들), S. Moser/E. Pilick 펴냄, Königstein, 1979, 1 쪽.

(줄임)

이미 도스토예프스키가 말하지 않았던가. "**신이 존재하지 않으면 모든 것이 허용된다**."고. 신이 죽은 이래 이 지상에서 이제는 인간을 규제할 수 있는 어떠한 기준과 척도도 존재하지 않게 되었으며 그야말로 인간에게는 모든 것이 허용되었다. 이렇게 서구의 인간중심주의적이며 이성중심주의적인 추세는 존재하는 모든 것에 대한 인간적인 지배를 공고히 하기 위해 감행한 신적인 것의 퇴치와 더불어 시작되었다.

그렇다면 <죽어버린> 신을 어떻게 되살릴 것이냐? **<떠나버린> 신을 어떻게 다시 모셔올 것이냐**? 어떻게 새로운 신의 도래를 준비할 것이냐? 하이데거는 "오직 신만이 우리를 구원할 수 있다"고 말하고 있다. 칠흑 같은 이 어둠 속에서 구원해 줄 신의 도래를 준비하기 위해 인간이 무엇보다도 먼저 해야 할 일은 <성스러움>의 영역을 마련하는 것이라고 하이데거는 충고한다. 신은 오직 성스러운 곳에서만 만날 수 있는데 세속화 이래 인간의 욕망의 불빛이 모든 곳을 두루 비추고 통제하고 있는 한 우리는 어디에서건 신을 대할 수 없다.

정말로 우리는 세속화된 세계에서 신을 만날 수 있는 길을 결코 찾을 수 없는가?

2.

벨테는 우리의 물음에 대해 가능하다고 확신에 찬 대답을 준다. 그의 확신에 찬 대답의 산물이 바로 그의 대표적인 저서인 『종교철학』이다. 이 책은 크게 삼부로 구성되어 있다. <제1장 서론적 물음>, <제2장 종교의 원리로서의 신> 그리고 <제3장 종교의 실행자로서의 인간>.

<제1장 서론적 물음>에서는 먼저 **철학적 사유**가 갖는 의미를 <스스로 사유함>에 두고 사유가 사유해야 할 것[사유의 관심사, 사유의 사태]과 맺는 관계에 주목한다. 철학적 사유는 우선 자신의 관심사인 사태를 잘 주시하고 사태가 건네주고 있는 말을 잘 들어야 하며, 그 다음 여기서 들은 것을 자신의 편에서 자신의 개념과 낱말로써 정확하게 응답하려고 노력해야 한다.

이렇게 <철학함>에 강조점을 두고 철학적 사유를 윤곽지은 다음 벨테는 '종교철학'의 의미에 대해서 논한다. 앞에서의 철학에 대한 개념규정에서 암시되고 있듯이 '종교철학'에서의 사유의 관심사는 종교라는 사태이다. 그러면 종교란 과연 무엇인가? 한 가지 분명한 사실은, 종교가

철학적 사유에서 비롯되지는 않았다는 점이다. 철학이 태동되기 훨씬 이전부터 종교는 이미 존재해오고 있었다. 따라서 종교는 철학이 아니며 오히려 철학의 타자이다.

(건너뜀)

예부터 사람들은 <**종교**>를 신에 대한 또는 신적인 것의 영역에 대한 인간의 관계로 이해해 왔다. 이 예비개념에서 우리가 주목해야 할 것은, 여기에서 무엇보다도 먼저 어떤 특정한 인간적인 현존재방식이 고려되고 있다는 점이다. 그리고 인간적인 현존재와 그 수행의 방식이 곧 우리가 종교라고 명하고 있는 관계가 일어나고 생생하게 살고 있는 장소라는 점도 잊지 말아야 한다. 인간이 신과 관계를 맺는다는 말은 무엇을 뜻하는가? 인간의 이러한 관계에서 우리가 유념해야 할 것은, 인간은 자신이 신적인 것에 의해서 말 건네지고 있음을 알고 있다는 사실이다. 따라서 신에 대한 인간의 관계 속에서 인간과 관계를 맺는 것은 일차적으로 신이다.

그런데 **신이 맺는 이러한 일차적인 인간과의 관계**는 인간의 <자기-관계> 안에서, 즉 인간적인 현존재와 존재이해 안에서 일어난다. 흔히 많은 종교에서 그렇듯이 이러한 관계가 반대로 일어날지라도 사정은 마찬가지다. 이 경우 인간은 자신의 편에서 신의 말 건넴에 대답하면서 응해 와야 한다. 이 두 경우 다 신적인 것의 말 건넴과 인간의 응답은 어쨌거나 인간 현존재의 지평 안에서 벌어진다. 이런 의미에서 종교는 어쨌든 인간적 현존재의 방식이다. 그렇지만 그것은 신 또는 신적인 것이라 칭해지는 어떤 것에 의해서 자신이 규정되고 있음을 인간이 알고 있는 그러한 현존재 방식이다.

(건너뜀)

철학적으로는 <신 존재 증명>에 해당하는 제2장이 중요하기 때문에 그것에 국한해서 논의를 전개해나가기로 한다. 우리는 벨테가 여기서 시도하고 있는 신 존재 증명을 <의미론적> 신 존재 증명이라고 명명할 수 있다. 벨테는 기술과 과학의 시대를 살고 있는 현대인들도 인정할 수 밖에 없는 세 가지 사실에서부터 출발한다.

첫째 사실은, 우리가 다른 사람들 한 가운데에, 우리 사회의 한 가운데에, 우리 세계의 한 가운데에, 거기에 그렇게 존재하고 있다는 사실이다. 이것은 부인할 수 없는 사실이다. <**우리는 우리의 세계 안에 존재하고 있다**>는 이 말은 일종의 실재적인 의미를 띠고 있다.

이것이 벨테의 신 존재 증명을 위한 숙고의 의심의 여지가 없는 바탕이다. 물론 그러한 세계 안에서의 우리의 현존재에 대해서는 다양한 해석의 길들이 있을 수 있다. 즉 우리는 우리의 현존재에 대해 플라톤 또는 토마스 아퀴나스 또는 하이데거 또는 프로이트 식으로 해석할 수 있을 것이다. 우리는 우선 이러한 다양한 해석의 가능성들은 -- 후설의 제안을 받아들여 -- 괄호 안에 넣도록 하자. 어쨌든 이러한 종류의 모든 해석의 가능성들은 <우리가 우리의 세계 안에 거기 그렇게 존재하고 있다>는 사실에 대해서는 이의를 제기하지 않을 것이다. 어떠한 경우이건 이 사실은 존립한 채로 남아 있다.

물론 이 때 우리는 다음의 사실도 확실히 해야 한다. 즉 세계 안에서의 우리의 현존재는 일종의 열린 경험의 장과 같은 것이라는 점 말이다. 우리는 행위하며 느끼며 당하며 거기에 존재하고 있음으로 해서 많은 것을 경험하고 있다. 인간적인 세계 내 존재에는 밝음이 속한다. 또는 달리 말해, 우리가 우리 자신과, 우리 사회와, 우리 세계와 함께 만들 수 있고 만들고 있는 수많은 가능한 경험들에 대해 열려 있음이 속한다. 그렇기 때문에 우리는 그 사실을 말할 수 있는 것이다. 우리는 말하면서 경험의 근본요소를 밖으로 언표한다. (줄임) 이러한 세계 안에서의 우리의 거기에 있음을 벨테는 한 마디로 <현존재>라 지칭한다.

둘째 사실은, 다음과 같은 문장 속에 표현되는 것이다. "**우리는 언제나 거기에 있었던 것도 아니며 언제나 거기에 있을 것도 아니다.**"

이러한 명제 속에서도 일종의 의심의 여지가 없는 앎이 표현되고 있다. 어느 누구도 위의 문장 속에서 표현되고 있는 실제의 사실을 의심하지는 않을 것이다. 따라서 우리의 그전의[그제의] 비-현존재와 미래의[올제의] 비-현존재에 대한 경험이 있음에 틀림없다. 그전 및 미래의 비-현존재는 각기 현존재에 대한 일종의 부정이다. 부정으로서 그것은 임의의 무가 아니라 오히려 일종의 특정한 무(無)이다. 그것은 그때그때마다 그것이 갖는 특정한 인간적인 현존재와의 연관에 의해서 규정되어 있는 특정한 무이다. 그것은 바로 그 현존재의 아직-거기에-있지-않음과 더-이상-거기에-있지-않음이다. 그리고 그러한 사실은 동시에 특정한 부정으로서 보편적이다. 어느 누구도 그리고 인간적인 것은 어느 것도 이러한 비-현존재를 벗어날 수 없다.

벨테는 이러한 부인될 수 없는 두 번째 사실을 한 마디로 **무**라고 지칭한다. 그리고 그로써 거기에 존재하고 있는 인간의 그전 및 미래의 비-현존재를 의미한다.

여기서 이야기되고 있는 비-현존재는 그 본성상 이중의 의미를 띠고 있다. 그리고 이 이중성은 무의 현상 자체에 그 근거를 두고 있다. 그것을 경험하여 우리 모두가 더 이상 거기에 존재하지 않게 될 것을 보게 되는 사람은, 이러한 경험을 일종의 아무 것도 없는[텅빈] 무의 경험으로 이해하든가 또는 절대적인 은닉의 경험으로서 이해하든가 한다. 첫 번째의 경우 우리는 여기에는 도대체 아무 것도 없다고 말할 것이다. 그러나 두 번째의 경우에는 이렇게 말할 것이다. 나는 여기에서 현현하고 있는 무를 보[경험하]는데, 그 무는 철저하게 나에게서 벗어나 있으며 나에게 은닉되어 있다. 무의 경험의 내용에서부터는, 후설 식으로 말하자면, 무의 노에마에서부터는, 이러한 이중성에 대해 결정을 내릴 수 없다. 바로 이러한 결정내릴 수 없음이 무의 부정성에서의 근본적인 특성의 하나다.

벨테는 이어서 **무가 지니고 있는 몇 가지 특성**을 서술한다. 첫째, 무는 우리가 그것[무]을 주목하지 못하도록 억압한다. 둘째, 무는 끝이 없으며 어느 누구도 그것을 피할 수 없기에 무조건적이다. 셋째, 무는 사물도 주체도 아니다. 넷째, 무는 현존재의 타자이다.

셋째 사실은 우리의 현존재가 그 자체로서 의미를 전제하고 있다는 점이다. 이것을 벨테는 **의미요청**이라고 부른다.

만일 무가 우리 현존재에 속하지 않아 그것이 현존재에 아무런 상관이 없다면, 우리는 아마도 위협하는 비-현존재가 무서워 도망하지도 않을 것이며 그것 때문에 불안해하지도 않을 것이다. 거기에 존재한다는 것은 우리에게 대단히 중요하며 대단한 관심사이다. 바로 이러한 현존재에 대한 관심을 벨테는 세 번째 사실이라고 칭한다. 우리는 단순히 확정될 수 있는 사실이 아니다. 우리는 살아 있는 존재이며 우리에게는 바로 이러한 살아 있는 현존재에서 바로 이 현존재 자체가 중요한 문제가 된다.

우리에게는 그저 일반적인 의미에서 이 현존재가 중요한 것이 아니다. 오히려 특히 이러한 현존재가 스스로를 일종의 의미 있는 현존재로서 증명하고 있다는 그 점이 중요하다. 우리에게는 현존재를 의미 있게 형성해 내는 것이 중요한 관심사이다. 우리는 우리의 현존재의 전개과정에서 의미와 같은 것을 요청한다. 이러한 의미요청은 우리의 현존재와 분리될 수 없다.

의미요청과 그것을 밖으로 말하고 있는 의미물음은 그것이 구체적인 동료 인간적인 상황에서부터 자라 나오는 곳에서 비로소 그것의 실제적인 힘을 경험할 수 있다. 다른 인간들에 대한 구체적인 사랑에 직면할 때 또는 다른 사람들의 정의와 자유를 위해 구체적으로 투신할 때 의미요청은 전적으로 자명한 것이 되며 그 기본적인 강력함으로 나타난다. 즉 그것은 절대 의미가 없을 수 없으며 없어서는 안 된다. 의미요청은 구체적인 동료 인간적인 영역 안에서 비로소 자신의 고유한 차원을 온전하게 펼쳐 보인다.

이 세 가지 사실로부터 귀결되어 나오는 것은 <**무한하고 무조건적인 것**

이 존재한다>는 점이다. 지금까지 제시한 세 가지 사실이 우리에게 요구하고 있는 시종일관적인 태도는 다음과 같은 양자택일이다. 무가 그저 텅 빈[허무한] 무일 경우, 여기에서 귀결되어 나오는 것은 일체의 것이 아무런 의미가 없다는 사실이다. 다른 경우는 모든 것은 다 의미를 띠고 있는 경우인데, 이것은 명백한 윤리적 근본요청이며 양심 자체의 소리이다. 이 경우에 무는 그저 텅 빈 허무한 무로서가 아닌 다른 것으로서 해석되어야 한다. 그런데 이것은 무 자체가 간직하고 있는 이중성에서부터 설명될 수 있다. 우리는 무의 경험과 관련지어 두 가지 가능성이 열려 있음을 보았다.

무의 경험이 이중적인 경험이며 그래서 그것의 고유한 부정성 때문에 결정을 내릴 수 없다고 지적한 사실을 상기하기 바란다. 이제 우리는 다른 근본적인 사실에 부딪쳤는데, 이 사실은 우리로 하여금 결단을 요구하고 있다. 그것은 앞에서 언급한 윤리적인 근본요청의 결단이다. 현존재는 아무런 의미를 갖지 않는다고 가정되어서는 안 된다. 인간적인 삶과 투쟁, 고통의 연대가 아무런 의미를 갖는다고 상정되어서는 안 된다.

만일 우리가 이러한 요청을 올곧게 견지하고 극단적인 귀결들에서부터 도망하지 않는다면, 이 요청은 처음에 결정을 내리지 않은 채 놔둔 무에 대한 물음에 대해 하나의 결단을 내릴 것을 요청한다. 이 경우 의미요청이 굳건히 견지될 수 있기 위해서는, 무가 결정되어야 한다. 그리고 이 경우 현존재가 무를 직면해서도 아니 무를 직면하기 때문에 의미가 있어야 한다고 말해져야 한다. 그런데 이것은 무가 그것의 무한성과 도망칠 수 없는 힘과 어두운 끔찍함에서 결코 텅빈 허무한 무가 아닐 때에만 확고하게 견지될 수 있다. 그럴 경우 따라서 무는 은닉이어야 하거나 또는 무한한, 우리에게 무조건적으로 요구해오는 신비에 쌓인 어떤 힘이 은닉된 현전이어야 한다. 그리고 바로 그 힘이 그 모든 의미를 주고 있으며 그 모든 잠정적으로 무의미한 것들에게 의미를 아낀 채 보호하고 있는 것이다. 그럴 경우 무는 그 모든 사물적인 파악 가능성 저편에서 그 무가 소리 없이 형태 없이 나타나고 있는 것으로 주목되어야 할 것이다. 그럴 경우 비록 강압적인 윤리적인 근거로서 수용되지는 않는다 해도, 무가 무조건적이지만 빠져나간 은닉된 현실성의 징표이며 흔적임을 통찰해야 한다. 이때 그 현실성이란 그 모든 의미를 간직하며 차이를 확고하게 견지하는 -- 비록 사람들이 그 차이를 뒤엎으려고 시도해도 -- 그런 현실성이다. 즉 정의와 불의 사이의, 선과 악 사이의 차이 말이다. 이러한 현실성이 무의 너울 속으로 빠져나가 있고 은닉되어 있기 때문에, 그것은 신비라고 명명될 수 있는 것이다.

이렇듯 벨테는 신에게로 가는 길을 -- 지금까지와는 전적으로 다르게 -- 존재나 존재자에서부터가 아닌 무에서부터, 무에 대한 경험에서부터 찾아낸다. 이것이 허무주의 시대에 무와 씨름하며 살고 있는 현대인들에게 그가 제공하고 있는 의미론적 신 존재 증명이다.

3.

이 책을 재미있고 유용하게 읽은 평자로서 몇 가지 아쉬운 점이 있기에 지적한다. 그리고 그로써 이 책이 다음 번 재판 때 보다 나은 책으로 거듭나서 저자인 벨테가 이 땅의 독자와 더욱 친하게 되기를 바란다.

먼저 원저자의 각주에 대한 친절한 설명과 해설이 요구된다. 각주 1)과 2)를 보면 저자가 사용한 책명의 약칭이 -- RGG, LThK 등등 -- 아무런 설명 없이 제시되고 있다. 웬만한 전문가가 아니고는 그것이 무엇의 약칭인지를 모를 것이다. 그 외에 원저자가 인용 내지 참조한 독일어 원전들이 우리말로 번역되지 않은 채 그냥 실어서 독일어를 모르는 독자에게는 당혹감을 불러일으킨다. 27쪽의 각주는 프랑스어를 그대로 실어놓고 있다.

매끄러운 우리말이 되도록 더욱 다듬어졌으면 하는, 거칠거나 전형적인 번역투의 표현들이 많이 등장하고 있다. 특히나 <로서>와 <로써>가 제대로 구별되어 사용되지 않고 있어서 읽는 사람으로 하여금 눈살을 찌푸리게 하고 있다.

특수한 철학의 독특함 내지는 철학사적 맥락을 고려하지 않고 번역하여 빚어진 약간의 오역들을 지적하면 다음과 같다. <면역전략 → 치외법권 전략>(82), <조정적 관념 → 규제적 이념>(98), <무감각한 사실 → 적나라한 사실>(100), <질문된 것 → 물음이 걸려 있는 것>(103), <물어 알게 된 것 → 물음이 꾀하고 있는 것>(105), <현실적 술어 →실제적(또는 사실내용적) 술어>(126), <통교 → 의사소통>(140), <자아존재 → 자기존재(또는 자기자신으로 있음)>(158), <신의 결여 → 신의 부재>(170), <신원확인(Identifikation) → 정체성 확인>(174), <윤리적 실제(ethische Praxis) → 윤리적 실천>(180) 등등.

벨테의 『종교철학은 종교에 대한 광범위한 철학적 논의들을 수렴하여 나름대로 그것들과 논쟁하면서 저술된 작품이다. 그래서 이 저서에는 많은 어려운 전문용어들이 -- 번역하기도 매우 힘든 용어들이 -- 등장한다. 학문적으로 종교철학 일반에 대해 관심 있는 독자들을 위해서 <사항 내지 용어찾기> 항목이 부록으로 실린다면 -- 원저작에는 없지만 -- 큰 도움이 될 것이다.

4.

종교에 관심을 가진 독자에게 -- 그가 어떤 종교를 신봉하든 또는 무신론자이든 상관없이 -- 벨테의 『종교철학은 처음부터 끝까지 독자를 사로잡는 흥미진진한 작품이다. 벨테가 가톨릭 신부이긴 하지만 이 책에서 특정 종교를 옹호하지 않으면서 <종교>라는 사태에 대해 철학적으로 사유하고 있기 때문에 다른 종교의 독자들도 거부감 없이 읽어나갈 수 있다는 것이 이 책의 커다란 장점의 하나이다. 동양적인 사유방식에는 그다지 낯설지 않은 <무의 경험>을 논의의 단초로 삼아 자신의 사유를 전개해 나가는 벨테의 종교철학적 입장은 종교 간의 대화가 절실한 여기 이 땅의 한국 독자들에게 시사하는 바가 많다.

하느님이 없다면 어때, 하느님은 없이 계신다. 그래서 하느님은 언제나 시원하다. 하느님은 몸이 아니다. 얼[靈]이다. 얼은 없이 계신다. 절대 큰 것을 우리는 못 본다. 아직 더할 수 없이 온전하고 끝없이 큰 것을 무

(無)라고 한다. 나는 없는 것을 믿는다. 인생의 구경(究竟)은 없이 계시는 하느님을 모시자는 것이다.

다석 류영모

서평 : 베른하르트 벨테의 『종교철학』(오창선 옮김, 분도출판사, 1998.)

하이데거의 과학기술 철학과 이 철학에 대한 이기상 교수의 기여

윤 병렬
한국하이데거학회
전임 회장

하이데거의 존재사유에서 과학기술 테마는 아주 큰 중량을 갖고 있다. 그의 철학은 독특하게도 우리에게 길을 밝히고 안내하는 성격이 강한데, 과학기술에 대한 철학적 해명은 더더욱 그런 성격이 강하다. 이를테면 본래성의 획득, 실존의 체득, 존재접근, 존재망각에서의 탈피, 고향상실과 니힐리즘의 극복, 존재의 이웃으로 사는 것 등등은 그야말로 우리 인생들에게 길을 안내하는Wegweisen 철학적 성격이 강하게 드러나 있는데, 그의 과학기술에 대한 철학적 성찰에는 좀 더 구체적이고 의미심장한 길안내Weg-weisung가 전개된다. 과학기술과 현대문명에 대한 비판을 통해 인간의 비인간화, 과학기술에 대한 인간과 세계의 노예화, 자연의 황폐화를 극복하는 것은 하이데거의 철학적 사명이자 소명인 것이다.

이기상 교수가 하이데거의 과학기술문제에 대한 철학적 테마에 탐닉하고 동양과 연계하여 고심하며, 생명철학의 영역에 천착하는 것도 저런 하이데거의 철학적 사명과 소명을 자신의 것으로 받아들였기 때문일 것이다.

하이데거가 누누이 밝히듯 현대과학기술문명은 서구 형이상학의 산물이다. 동양의 경우는 오랜 기간 동안 인간이 기술의 노예로 전락되지 않았으며,[1] 따라서 기술의 본질과 '존재역운'의 사건, 인간과 기술의 주객 전도현상과 같은 기괴한 현상은 오랫동안 동양에서 일어나지 않았다.

이기상 교수에 의하면 동서양은 각각 고대에서부터 기술과 자연에 대한 태도를 달리했다고 보는데, 이는 오늘날 학계에서도 인정되는 사안이다.[2] 그러나 안타깝게도 오늘날 동양(최소한 동북아의 한중일)의 나라들은 서구 못지않게 현대기술에 탐닉하고 있으며 서구를 쫓아가려고 안달을 부리고 있다.[3]

존재망각에 대한 하이데거의 개탄은 이를 잉태한 서구의 형이상학 속에 그 기원이 있고, 그런 형이상학이 만발하고 완성된 유형이 과학기술이다. 하이데거도 단도직입적으로 기술은 "완성된 형이상학"[4]이라고 규명하고 있다. 따라서 하이데거의 철학은 존재망각이 기원한 형이상학과 과학기술문명에 대한 비판의 성격이 강하다. 그의 후기철학에서 특히 강조되듯 인간과 사물세계가 서로 낯설고 소원하게 된 것과 존재망각 및 인간의 '고향상실'은 – 이기상 교수가 잘 해명하고 있듯이 – '뜻새김의 사유

---

1 이기상, 『존재의 바람, 사람의 길』, 철학과 현실사 1999, 319쪽 이하 참조.

2 이기상 교수는 서구의 성서(특히 창세기 1장 28절: "…땅을 정복하여라…")와 아리스토텔레스("인간의 제작은 자연이 완성하지 못한 것을 완성시킨다."를 한 편으로, 동양의 노자(특히 『도덕경』 25장: "사람은 땅을 본받고 땅은 하늘을 본받으며 하늘은 도를 본받고 도는 스스로 그러함을 본받는다.")를 다른 한편으로 하여 동서양의 시각차를 드러내고 있다(이기상, 『하이데거의 존재사건학』, 서광사 2003, 257~258쪽 참조. 동 저자, 「기술」, 『우리말 철학사전 제3집』, 154쪽 이하 참조. 동 저자, 『존재의 바람, 사람의 길』, 철학과 현실사 1999, 302쪽 이하 참조.)

3 이기상, 「기술」, 『우리말 철학사전 제3집』, 153쪽 참조, 특히 179쪽("동아시아와 현대기술") 참조(앞으로 이 저서는 「기술」로 인용한다).

4 M. Heidegger, "Überwindung der Metaphysik(형이상학의 극복)", in *Vorträge und Aufsätze*(강연과 논문 모음), Pfullingen 1978, 76쪽.

das besinnliche Denken'를 망각하고 일방적으로 '표상하며-계산하는 사유das vorstellend-rechnende Denken'에 탐닉한 데서 빚어진 '존재역운'으로서 과학기술과 실증과학의 문명에서 그 완성과 동시에 종말에 이른 숙명적 과정의 결과인 것이다.[5]

기사 : 20세기의 사상을 찾아서 – <마르틴 하이데거>
서양 형이상학의 종말과 새천년

20세기는 인류사에서도 문제가 가장 많았던 한 세기로 기록될 것이다. 문제가 많았던 시대에는 그 문제를 갖고 씨름을 했던 사상가도 많은 법. 그래서 그런지 20세기는 걸출한 세계적인 철학자도 많이 배출하였다. 그 중에서도 가장 통 크게 <거대 이야기>를 펼친 사상가는 단연 마르틴 하이데거(1889~1976)이다. 그는 2,500**년의 서양 철학사에 종말을 선언**하며 새로운 세기를 맞을 준비를 해야 한다고 선포했으니 말이다.
왜 서양 형이상학은 종말에 와 있는가? 이성 중심이고 존재(자) 중심이고 인간 중심이기 때문이다.
서양 사유의 태동기에 인간의 사유능력에는 흔히 **표상적 사유**라 불리는 <셈하는 사유>뿐 아니라 존재[있음]의 의미를 읽어내는 <뜻 새김

5 M. Heidegger, *Gelassenheit*(내맡김), Pfullingen 1977, 25쪽 이하 참조(이 책은 앞으로 *Gelassenheit*로 인용한다). 과학기술문명의 존재역운적 성격을 이기상 교수는 그의 논문 「기술시대에서 철학의 종말과 사유의 과제. 하이데거의 기술에 대한 존재론적 고찰」(『언론과 사회』, 11권, 3/4호, 12~18쪽)과 『하이데거의 존재사건학』(서광사 2003), 제4장 등에서 심도 있게 논의하고 있다.

사유>까지도 포함되어 있었다. 그렇지만 존재하는 것 전체에 대한 인간의 대응능력으로서 <근거 있는 말함(로고스, 이성)>만이 전면에 부각되고 시와 신화가 그늘에 가려지면서 서양 형이상학의 역사는 존재 왜곡, 존재 축소, 존재 망각의 길로 들어서게 된다. 이러한 로고스(이성) 중심적인 형이상학은 그 로고스의 만개를 **현대의 기술과 과학**에서 본다. 기술화되고 과학화되고 산업화되고 정보화된 현대에서 형이상학은 <완료>된 셈이다. 과학이, 특히 정보학이 이제는 형이상학을 대체하고 있으며 그것은 지금까지의 형이상학에 대한 이해를 감안할 때 당연한 추세이다.

서양 형이상학은 인간이 눈앞에 세울[표상할] 수 있는 것만을 존재하는 것으로 간주한다. 이런 식의 시각에서는 <존재>의 의미도 <그 자리에 있음[현전]>으로 해석될 수밖에 없다. 인간이 자신의 눈앞에 세울 수 없는 것은 존재하는 것이 아니다. 존재하지 않는 것은 사유할 수도, 경험할 수도, 그것에 대해 말할 수도 없다. 철학/학문/과학은 당연히 존재하는 것만 다룰 뿐, 존재하지 않는 것, 즉 무(無)에는 관심도 없고 관심을 가질 수도 없다. 왜냐하면 없는 것인데 어떻게 없는 것을 다룬단 말인가? "존재는 <있고> 무는 <없다>." 이보다 자명한 진리가 어디에 있겠는가? 그렇지만 바로 여기에서 우리는 <있음>과 <없음>에 대해 한번 물음을 던져야 한다. 그 <있음>의 의미는 무엇이고 그 기준은 무엇인가 하고. 과연 인간이 사유할 수 없으면, 경험할 수 없으면, 말로 잡을 수 없으면, 눈앞에 세울 수 없으면 없는 것[무]인가? 그것은 너무 인간 중심적인 태도가 아닌가 하고.

근거 있는 말함만을 고집하며 우주의 원리와 존재의 법칙 등 보편성, 포괄성, 객관성의 능력을 자랑하는 인간의 그 모든 사유능력의 바탈에는 통제되지 않은, 통제될 수 없는 욕망의 꿈틀거림이 은폐되어 있고 그것이 이성의 이름으로 코드화되고 있는 것은 아닌가. "철학은 향수요 어디에서나 고향을 만들려는 충동"(노발리스)이라고 하듯이 인간은 낯선 것을 자기 것으로 만들어 놓지 않고는 안심할 수 없는 존재다. 보편적인 철학함에는 이렇듯 **인간의 도구적 지배의 의지**가 숨겨져 있는 것이다. 그 밑바탕에는 존재하는 모든 것을 현전(그 자리에 있음)의 의미로 파악하여 눈앞에 있는 것으로 앞에 세워 놓고 그것을 계산 가능한 것으로 만들고 반복 가능한 것으로 재구성하고 생산 가능한 것으로 체계화하여 언제나 필요에 따라 사용 가능한 것으로 만들어버리는 인간의 소유, 지배, 소비의 욕망구조가 깔려 있다.

형이상학은 오직 인간에게서만 일어나는 〈**존재자 전체에로의 침입사건**〉이다. 이러한 형이상학적 사건에서 중요한 것은 존재자 전체에로 향한 〈존재의 시각〉이며 그러한 시각 아래에서 아무 의심 없이 전제되고 있는 〈존재의 의미〉이다. 눈앞에 세울 수 있는 것만을 존재자로 보고 그 근거를 묻고 원인을 찾으며 설명과 해석, 지배와 조작에 관심을 두는 〈셈하는 사유〉는 그러한 존재의 〈뜻〉을 읽어낼 수 없다. 셈하는 사유에게 애초부터 〈존재〉는 없는 것이며 〈존재의 뜻〉 같은 것은 상상력의 산물일 뿐이기 때문이다.

형이상학의 종말에 사유가 해야 할 일은, 이성 중심, 현전 중심, 인간 중심의 사유태도에서 벗어나 〈존재의 지평〉과 〈사유의 지평〉을 넓히는 일이다. 없는 것으로 내쫓은 **無/空/虛를 존재의 마당 안으로** 끌어들이고 그것들에게 새로운 만남의 가능성을 열어 주는 일이 새천년에 사유가 해야 할 과제이다. 그러기 위해서 서양 형이상학은 이제라도 지구상의 다른 곳에서 일어났고 계속 일어나고 있는 <존재자 전체에로의 침입사건>에 주목해야 한다. 그럴 때 <하나뿐인> 지구가 당면하고 있는 새천년의 문제를 슬기롭게 대처해 나갈 수 있을 것이다.

서양 중심의 형이상학이 안고 있는 한계를 깨닫고 다른 문화권에서 일어난 <형이상학적 사건>에 관심을 쏟아 인류가 처한 위기상황을 <존재론적으로> 극복할 것을 외치고 있는 것이, 세기말을 맞고 있는 한국의 지성인들에게 전하는 하이데거의 메시지이며 그것은 다가오는 새천년에 더욱 유효할 것이다.

「하이데거의 철학. 인간중심 이성주의의 종말 선언」, 『조선일보』, 1999년 11월 4일.

이기상 교수는 하이데거에게서 이토록 비중 있게 받아들여진 과학기술에 대한 철학적 성찰을 그의 철학적 노력에서 중심적인 테마로 삼았을 뿐만 아니라, 이를 심화하고 확대하였으며, 또 기술문명의 전반적인 사항을 동서양의 지평에서 재음미·재평가하고 있다.[6] 특히 이기상 교수는 하

6 하이데거의 과학 기술철학에 대해, 또 독자적으로 심화하고 확대한 과학기술문제에 대한 논의는 이기상 교수의 방대한 저술과 논문을 통해서도 확인할 수 있는데, 다음과 같이 열거한다. 『기술과 전향』(하이데거 지음/ 이기상 옮김, 서광사 1993), 「기술에 대한 물음」과 「해제(현대기술의 본질: 도발과 닦달)」, 『강연과 논문』(하이데거 지음/ 이기상, 신상희, 박찬국 공역, 이학사, 2008), 「기술」, 『우리말 철학사전 제3집』, 『하이데거의 존재사건학』(서광사 2003. 여기서 제3장 존재진리의 발생사건에서 본 기

이데거 당대의 과학기술문제뿐만 아니라 오늘날의 더 첨예화되고 첨단화된 과학기술문명을 하이데거가 천명한 과학기술의 본질과 존재역운으로서의 현대기술에 입각하여 명쾌하게 밝히고 있다. 하이데거의 당대에서 첨단 기술문명은 원자력공학이었지만, 오늘날은 주지하다시피 원자력을 넘어 사이버 시대의 정보공학, 생명공학, 유전자 공학 등 그 카테고리가 엄청 확대되었는데, 이기상 교수는 이렇게 변화되고 인간의 운명이 된 현대 과학기술의 문제와 위험을 적나라하게 밝혀 보이고 있다.[7]

특히 이기상 교수는 그의 쉽게 풀어 쓴 많은 저서와 논문을 통해 하이데거 철학에 입문하려는 자들에게 좋은 길안내의 역할을 수행하고 있는데, 과학기술에 대한 하이데거의 난해한 철학적 성찰을 쉬운 말로 풀이하고 있다는 것이다.

술과 예술, 제4장 존재역운으로서의 기술: 사이버 시대에서의 인간의 사명), 『존재의 바람, 사람의 길』(철학과 현실사, 1999. 여기서 열두째 마당: 기술시대에서 존재의 뜻 읽기, 열셋째 마당: 기술시대에서의 예술의 역할), 「하이데거의 현대기술 비판」, 『철학교육연구』(제25호)(1996), 「존재진리의 발생사건에서 본 기술과 예술」, 『하이데거의 철학세계』(철학과 현실사, 1997), 「기술시대의 예술」, 『삶·윤리·예술』(이문출판사, 1997), 「21세기 기술시대를 위한 새로운 가치관 모색」, 『가톨릭철학』(가톨릭철학회, 1999), 「존재역운으로서의 기술. 사이버시대에서의 인간의 사명」, 『하이데거 철학과 동양사상』(철학과 현실사, 2001), 「기술시대에서의 철학의 종말과 사유의 과제- 하이데거의 기술에 대한 존재론적 고찰」, 『언론과 사회』(제11권 3/4호)(성곡언론문화재단), 또 최근에(2011.12.17.) 한국현상학회에서 발표한 「현상과 미디어, 미디어와 커뮤니케이션에 대한 현상학적 고찰」 등에 이르기까지 수많은 연구업적을 기록하고 있다.

7 현대의 첨단과학기술을 통해 하이데거의 과학기술에 대한 철학적 성찰을 더욱 선명하게 드러낸 이기상 교수의 저작들은 이를테면 『하이데거의 존재사건학』(서광사, 2003. 여기서 제4장 존재역운으로서의 기술: 사이버 시대에서의 인간의 사명), 「존재역운으로서의 기술. 사이버시대에서의 인간의 사명」, 『하이데거 철학과 동양사상』(철학과 현실사, 2001), 「현상과 미디어, 미디어와 커뮤니케이션에 대한 현상학적 고찰」 (한국현상학회, 2011.12.17.), 「기술시대에서의 철학의 종말과 사유의 과제- 하이데거의 기술에 대한 존재론적 고찰」, 『언론과 사회』(제11권 3/4호)(성곡언론문화재단), 「사이버 시대에서 존재중심의 사유 비판과 그 대안」 (『한국어문화』(제25)) 등 참조.

하이데거의 당대에는 첨단공학으로 원자력 시대가 대두되었다. 사람들은 여전히 인간이 주인의 위치에서 과학기술을 지배한다고 생각했지만, 하이데거는 예언자적 견지에서 전혀 다른 측면을 부각시켰다. 기술의 본질은 통념과는 전혀 다르고, 인간도 세계도 오히려 과학기술문명의 지배에서 벗어날 수 없는 운명에 처할 것이며 과학기술문명이 존재역운의 차원임을 선고한 것이다.[8] 이기상 교수가 지적하듯 하이데거가 당대에 과학기술문명을 비판한 것은 “너무나 시대를 앞서가고 획기적이고 통렬해서 일반대중은커녕 지식인들의 관심마저도 끌지 못했다.”[9] 그러나 오늘날 과학기술문명이 첨단화된 현대에 돌이켜보면 하이데거의 성찰은 선견지명으로 와 닿는다. 이기상 교수는 이러한 하이데거의 예지를 현대의 첨단공학에까지 확장하여, 하이데거의 예지가 선견지명임을 더욱 분명하고 적나라하게 드러내고 있다.

하이데거는 자신의 당대에 사람들이 섬뜩하게 변화된 세계상을 못 볼 뿐만 아니라 너무나 예사롭게 대처하고 있으며 아무런 준비도 안 되어 있다고 개탄한다.[10] 섬뜩한 기술적 세계의 의미는 숨겨져 있는verbirgt sich 것이다.[11] 그러기에 하이데거와 이기상 교수가 누차에 걸쳐 증거를 제시하듯 기술에 대한 통상적 의미, 즉 기술은 목적을 위한 수단일 따름이고, 또 그

8 *Gelassenheit*(내맡김), 20쪽 이하 참조. 이기상, 「해제」, 『강연과 논문』(하이데거 지음/ 이기상, 신상희, 박찬국 공역, 이학사, 2008), 387쪽 이하 참조(앞으로 이 책 속의 「해제」는 「해제」로만 인용한다). 인간과 기계의 주객전도현상은 이기상, 『하이데거의 존재사건학』, 264~265쪽 이하 참조.

9 이기상, 『하이데거의 존재사건학』, 서광사, 2003, 251쪽.

10 *Gelassenheit*, 24쪽 참조. 「해제」, 388쪽 이하 참조.

11 *Gelassenheit,* 24쪽. 이기상, 『하이데거의 존재사건학』, 254쪽 참조.

것은 인간의 행위라는 "도구적·인간학적 이해"로서는 — 비록 미세한 범위 내에서 맞는다고 할지라도 — 기술의 본질을 간파할 수 없는 것이다.[12]

또 이와 유사하게 기술에 대한 평가를 세 가지 방식으로, 즉 긍정적F. Dessauer, 부정적, 중립적K. Jaspers으로 해도 — 물론 경우에 따라 어느 정도 맞을 수 있다고 치더라도 — 기술의 본질을 읽어내는 데는 미흡한 것이다. 하이데거의 논의를 따라 이기상 교수가 철저하게 해명하듯[13] 그런 기술에 대한 평가들은 기술과 인간의 주객전도현상과 압도적인 기술의 지배, 인간과 세계의 운명이 된 기술권력, 인간이 더 이상 어찌할 수 있는 단계에 놓였다는 것을 꿰뚫어보지 못한 것이다.

이런 현상들은 그러나 오늘날 21세기의 과학기술시대에 확연하게 드러났고, 과학기술은 하이데거가 천명한 대로 인류의 운명이 된 것이다.[14] 기술은 인간뿐만 아니라 세계를 변화시켰고 인간의 사고방식과 생활방식까지 바꾸어 놓았다.[15] 이런 현대의 과학기술은 이기상 교수가 하이데거의 논의를 따라 주제화하듯 "도발과 닦달"로 규명될 수 있다.[16]

피상적으로 보면 기술은 인간 주체에 의한 산물이고, 그것을 인간이

---

12 「기술」, 150쪽("일상적으로 사용하는 '기술'의 의미") 이하 참조. 「해제」, 394쪽 이하, 399쪽 이하 참조. M. Heidegger, "Die Frage nach der Technik(기술에 대한 물음)", in *Vorträge und Aufsätze*, Pfullingen 1978, 10쪽 참조(앞으론 "Die Frage nach der Technik"으로 인용한다).

13 「해제」, 395쪽 이하 참조.

14 이기상, 『하이데거의 존재사건학』, 256쪽("우리 시대의 운명으로서의 기술") 이하 참조. 「해제」, 385쪽 이하 참조. 「기술」, 148쪽 이하 참조.

15 「해제」, 385쪽 이하 참조.

16 이기상, 『하이데거의 존재사건학』, 267쪽 이하 참조. 「해제」, 385쪽 이하, 420쪽 이하 참조.

어떻게 사용하느냐에 따라 결과가 달라지리라고 생각된다. 그러나 기술은 오히려 거꾸로 인간을 도발적으로 요청하고, 그리하여 인간은 이 기술에 대해 더 이상 자유롭지 못한 상태로 전락하고 마는 것이다. 이런 현상은 현대과학기술문명의 시대에 더욱 분명하게 드러난다. 즉 과학기술은 인간과 세계 위에 군림하여 인간과 세계를 자의로 구성하고 있는 것이다.[17]

과학기술은 이제 자신의 의지로 현실을 열어 밝히며, 그때마다 그렇게 밝혀진 가운데서 세계와 자연 및 인간의 모습을 보여준다. 이런 측면에서 기술은 하나의 탈은폐이고 비은폐성Aletheia, Unverborgenheit인 것이다.(「해제」, 401쪽 이하 참조)

근대 이전에는 인간과 세계에 의미를 부여하고 규정하며 탈은폐하는 방식이 하나 만이 아니었고, 기술은 오히려 미미한 것이었다. 이를테면 종교나 도덕, 자연, 천문天文, 깨달음 등도 큰 몫을 했지만, 근대 이후로는 기술이 "인간과 자연 및 세계와의 관계를 규정하는 유일한 힘이 되었다."(「해제」, 403쪽) 근대 이전엔 세계와 세계 내의 모든 존재자들은 나름대로의 고유성과 자율성 및 독자성을 갖고 있었다.

그러나 근대 이후 과학기술이 온 우주에서 지배권을 쟁취하여 세계든 전지구든 자연이든 동식물이든 그 무엇이든 "지구 밖의 우주 공간의 영역까지도" 저러한 고유성과 독자성 및 자율성을 박탈하고 "피가 없는 생필

17 이기상, 『존재의 바람, 사람의 길』, 철학과 현실사, 1999, 313쪽 이하 참조. 「해제」, 399쪽 이하 참조. 기술이 인간을 지배한다는 하이데거의 주장에 사람들은 "코웃음 쳤다."(이기상, 『하이데거의 존재사건학』, 253쪽).

품 공급원"으로, 자원으로, 원자재로, 부품으로 취급하여 끊임없는 "도발적 요청Heraus-fordern"을 하고 있는 것이다.[18] 그래서 이기상 교수가 하이데거의 논의를 따라 주제화하듯 모든 것의 척도가 되고 절대규범으로 군림하게 된 현대기술의 탈은폐 방식은 "도발적 닦아세움"(「해제」, 406쪽 이하 참조)인 것이다. 모든 것은 획일적으로 기술적 제작과 조작의 재료로 전락되었고, 기능화 되었으며 도발적 요청을 당하고 있는 것이다.(「해제」, 413쪽 이하, 422쪽 이하 참조)

이런 현대기술은 그러나 인류와 세계에 운명이 된 '존재역운'인 것이다.[19] "무조건적으로 자신을 관철시켜 나가는 기술적 의지의 지배"[20]와 닦달Ge-stell[21], 주문 요청하는 위세에 인간의 위상은 어떤가? 인간은 – 이기상 교수가 인용하듯 – "어느 곳에서든 더 이상 자기 자신을, 다시 말해 자신의 본질을 대면하지 못하고 있다."[22]

그렇다면 이 '존재역운'이 된 과학기술문명은 전혀 극복될 수 없고 기술의 본질은 이겨낼 수 없는 것일까? 물론 하이데거는 결코 싸늘한 비관의 철학을 늘여놓지 않았다. 말하자면 그 '극복과 전향'이 불가능한 것은

---

18 Heidegger, *Die Technik und die Kehre*(기술과 전향), Pfullingen, 1962, 14~16쪽 참조. 이기상, 『하이데거의 존재사건학』, 262쪽 이하, 266쪽 이하 참조. 이기상, 「해제」, 403~404쪽, 405쪽 이하, 427쪽 이하 참조. 이기상, 「기술시대에서의 철학의 종말과 사유의 과제- 하이데거의 기술에 대한 존재론적 고찰」, 『언론과 사회』(제11권 3/4호)(성곡언론문화재단), 4쪽 이하 참조.

19 이기상, 『하이데거의 존재사건학』, 266쪽("존재역운으로서의 기술") 이하 참조. 「해제」, 431쪽 이하 참조.

20 이기상, 앞의 곳 참조.

21 '닦달'로 번역된 Ge-stell은 국내에서 '몰아세움'으로도 번역된다.

22 「해제」, 433쪽. "Die Frage nach der Technik", 31쪽.

아니라는 것이다.[23] 하이데거는 자주 횔덜린의 시를 인용하면서 "위험이 있는 곳에는 그러나 / 구원의 힘도 자라네."(「해제」, 444쪽 참조)라고 하였다. 위험을 위험으로 깨닫는 곳에 구제에로의 전향이 시작되는 지점이다.

기고문

오늘의 기술과학에게는 고삐가 없다. 근세의 기술과학에게는 아직 인간이 해야 할 윤리적 차원의 <당위>라는 것이 있었다. 그렇기 때문에 칸트는 인간의 인간다움을 이러한 당위에서 보고, 그래서 자신 있게 <**너는 할 수 있다. 왜냐하면 그것은 네가 마땅히 행해야 하는 일이니까**>라고 말할 수 있었던 것이다. 인간의 모든 행위를 도덕[실천]적 이성의 굴레 아래 놓았다. 인간의 위대함은 능력의 뛰어남에 있는 것이 아니고 스스로 자신의 능력을 도덕적 실천의 명령 아래 예속시키는 데 있다.
그런데 현대의 과학기술을 보라! 거기에는 당위는 없고 오로지 능력만이 있으며, 유일한 관심은 어떻게 이 능력을 수단과 방법을 가리지 않고 극대화시키는가에 있다. 현대 과학의 정언명령은 이제, <**너는 할 수 있다. 그러므로 너는 해야 한다**>이다. 능력과 당위가 자리바꿈을 했다. 당위가 능력을 통제하는 것이 아니라 이제는 능력이 당위를 제어한다. 여

23 이기상, 「기술시대에서의 철학의 종말과 사유의 과제- 하이데거의 기술에 대한 존재론적 고찰」, 『언론과 사회』(제11권 3/4호)(성곡언론문화재단), 15쪽("철학의 종말과 사유의 과제") 이하 참조. 「해제」, 438쪽 이하 참조.

기서의 당위는 이제 더 이상 선택의 기로에 서서 고민을 하다가 자유의지로 결단을 내려 하기로 마음을 먹는 그런 <당위>가 아니다. 과학에서 생각하는 <해야 한다>는 이제 자연적 필연성의 차원에서의 <해야 함>이다. 인간으로서 마땅히 해야 함이 아니라 결코 하지 않을 수 없는, 다른 대안이 없는 <무조건적인 작동> 바로 그것이다.

그래서 이제 과학은 할 수 있는 <가능성> 앞에서 망설이지 않는다. 가능적인 것을 실현시켜야 하는 것은 과학자가 무조건 따라야 하는 지상명령인 것이다. 아니다! 그것으로도 부족하다! 불가능한 것을 가능한 것으로 만들어야 하는 것이 과학자의 사명이다. 애초에 과학기술에게 <양심>이나 <도덕>은 없다. 오직 <가능성의 발견>과 <가능성의 실현>이라는 지상명령만이 있을 뿐이다. <**과학은 사유하지 않는다.**>(하이데거) 그러기에 망설이지 않는다. 오직 무조건적인 명령수행만이 있을 따름이다.

오늘은 이 지상명령에 따라 복제소 '영롱이'가 만들어졌다. 내일 복제아 '이기상'이 만들어지지 말란 [도덕]법이 없다. 가능하다면 만들어야 하는 복제법이 있을 따름이다. 원본이 필요 없는 세상이다. <**원본은 가고 복제만 남아라!**> 과학이 우리에게 열어주는 신세계이다. 인간의 존귀함이 <원본성>, <유일회성>, <시간성>, <인격성>에 있다면 복제가 판치는 이 세상에 인간의 존귀함은 있을 수 없다. 필요한 장기를 대체하는 것이 아니라 원본을 복제품으로 갈아치워 일회용품으로 만들어서 아무 거리낌 없이 소모해 버리려는 <소비전략>이 복제능력의 배후에 도사리고 있다.

인간이여! 복제를 거부하자! 인간답게 **한번뿐인 삶을 살다가 죽을 수 있는 권리**를 외치자! 밥통만을 키우고 육체의 때깔만을 걱정하지 말고 인간의 위대한 임무와 책임 아래 놓여 있는 지구상의 모든 생명체, 우주 안의 모든 존재자를 염려하자! 그것이 21세기 기술시대를 선도해나가야 할 **새로운 영성적인 인간이 떠맡아야** 할 위대한 과제이다.

이기상, 「복제소 '영롱이', 그리고 고삐 풀린 생명공학」, 『들숨날숨. 21세기 문화와 영성』(창간호), 1999.5.

인간은 우선 자신의 제자리를 찾고 — 우리가 서문에서 언급한 것처럼 — '뜻새김의 사유das besinnliche Denken'를 회복해야 하는 것이다. 무엇보다도 인간은 기술의 본질이 자신에게 주문 청탁한 나머지 단순한 부품으로 전락된 위험을 깨달아야 한다.(「해제」, 443쪽 참조) 그러고선 과학기술전체주의와 기술의 지배에 대한 극복과 전향에 응답해야 한다.(「해제」, 440쪽 참조) 전향은 다름 아닌 귀의 혹은 귀향으로서 이때껏 자기 진리의 망각 속에 존재하던 바로 그 존재 자체에로 향해 가는 것이다. 전향의 사건이란 다름 아닌 존재사건에로의 전향으로서 하이데거는 이를 "존재하고 있는 것에로의 일별Einblick"이라고 명명한다.(「해제」, 447쪽 참조) 여기서 "존재하고 있는 것에로의 일별"은 "존재의 진리가 진리 없이 버려진 존재에 비춰지는 번갯불 같은 번쩍임을 말한다."(「해제」, 449쪽) 인간은 기술의 본질에 짓눌린 자신의 옛사람으로부터 나오고 자신의 고집을 벗어던지며 섬광의 번쩍임에 응답하는 것이다.

이기상 교수의 존재사건학

최 상욱
강남대학교
종교철학과 교수

하이데거 사상에서 Ereignis란 단어의 위치

일반적으로 "존재사건Ereignis"이란 표현은, 개별적 인간 현존재를 분석하는 『존재와 시간』과 달리 서구 형이상학의 역사와 그 극복 가능성을 다루는 존재의 역운이라는 지평에서 다뤄진다. 따라서 "존재사건"이란 표현은 하이데거의 후기 사상을 대표하는 단어로 이해되곤 한다. 그러나 '존재사건'이란 사상이 어느 날 갑자기 하이데거의 머릿속에 떠오른 것은 아닐 것이다. 오히려 그 단어는, 마치 거대한 나무가 땅 속에 묻혀있던 작은 씨앗으로부터 성장하듯이, 하이데거의 사유 속에 처음부터 작은 맹아로서 존재했던 것이 드러난 것이라고 보는 것이 좋을 듯하다. "존재사건"이란 표현이 후기 하이데거 사상의 핵심개념일 뿐 아니라, 초기부터 후기에 걸쳐 완성된 개념이라고 한다면, '존재사건'이란 사상은 하이데거의 사유전체를 아우르는 포괄적 개념이라고 해도 과언이 아닐 것이다.

그런데 '존재사건'은 그것이 발현되기 위해 인간을 필요로 한다. 이것은 하이데거가 항상 '존재사건'과 인간본질과의 독특한 관계를 강조하고 있는 점에서 확인된다. 이때 하이데거가 말하는 "인간본질Wesen des Menschen"이란 표현은 보편적인 인간에 대한 추상적인 본질이 아니라, 구체적인 역사 속에 있는 구체적 인간의 존재방식wesen을 뜻한다. 이런 의미에서 "존재사건"이란 단어는, 단순히 그 단어 자체의 의미내용이나, 그 단어를 포함하는 텍스트의 의미구조를 통한 이해라는 의미론적 접근을 통해서는 해명되지 않으며, 오히려 존재의 활동Handeln des Seins을 통해 '존재사건'이 구체적으로 펼쳐지고 드러나는 것을 경험할 때, 비로소 이해될 수 있는 것이다.

『존재사건학』을 통해 본, '존재사건'에 대한 이기상의 입장

하이데거의 사상을 이해하고, 한국어로 번역함에 있어 이기상 교수님(이하, 이기상)의 역할이 컸다는 사실은 누구도 부정하기 어려울 것이다. 물론 이기상 이전에 몇몇 관심이 있는 학자들에 의해 하이데거가 한국에 소개되었다. 이를 통해 하이데거에 대한 전반적인 이해의 윤곽이 그려지고, 하이데거 사상에로의 입구가 열리게 되었다. 그러나 하이데거에 대한 개론적 이해를 넘어, 하이데거가 '지금 여기서hic et nunc' 어떻게 이해되어야 하는지를 본격적으로 다루기 시작한 것은 이기상과 그의 동시대적인 학자들의 업적으로 볼 수 있을 것이다.

이러한 작업을 위해 이기상은 이전의 일본어적인 번역을 탈피해, 하이데거의 사상과 독일어를 한국적 사고와 언어에 대응하도록 번역하기 시작하였다. 이것은 하이데거의 작품에 나타난 단어에 대한 축자적인 이해로부터, 그 단어가 갖는 존재론적인 의미를 찾아내려는 시도로 볼 수 있다. 그러한 예 중의 하나가 에어아이크니스Ereignis이다. 이기상은 이 단어를 "존재사건"으로 번역했다.[1]

1 Ereignis에 대한 번역은 학자들에 따라 다르지만, 일반적으로 생기나 존재사건으로 번역하고 있는 듯하다. 그런데 의미(Sinn)와 알레테이아(Aletheia/숨겨져 있지 않음), 존재의 진리(Wahrheit des Seins)

이기상 교수의 『하이데거의 존재사건학』 표지, 2003.

이기상의 저서 『존재사건학』은 Ereignis란 단어를 중심으로, 한편으로는 하이데거의 사상에 대한 엄밀한 이해를 다루고 있다. 이 점에 대하여 이기상은 『존재사건학』은 "하이데거의 원전을 충실히 따르는 가운데 거

그리고 Ereignis의 연관성을 고려한다면, Ereignis를 진리사건 혹은 참사건으로 번역해도 좋을 듯하다.

기에서 말하고자 하는 의미를 읽어내려는 시도"라고 밝히고 있다. 다른 한편 이기상은 『존재사건학』을 통해 하이데거의 사상을 한국적 컨텍스트와 연관해 해석하기를 시도한다. 이 점에 대하여 이기상은 "오랫동안 하이데거의 철학을 공부하면서 그의 '존재사건학'을 실마리로 삼아 동서 철학 사이의 진지한 대화를 위한 단초를 마련할 수 있기", 혹은 이러한 대화를 통해 "한국인의 새로운 존재시각이 새로운 시원을 찾아 나선 하이데거의 사상에 활력을 불어 넣을 수 있기"를 위한 시도임을 분명히 밝히고 있다.

이와 같이 그의 저서 『존재사건학』 안에는 한편으로는 하이데거의 '존재사건'에 대한 충실한 해석과, 다른 한편으로는 한국적 '존재사건'에 대한 적용이 다뤄지고 있다.

이기상은, 하이데거의 단어 Ereignis는 "인간의 자의와 처분권 밖에서 일어나고 있는, 인간에게 닥쳐오고 있는 어떤 것"이 "나의 눈에 띄며 드러나는" "<비은폐성의 사건>, <존재진리의 발생사건>"이며, 동시에 그것은 "은폐, 비밀, 레테, 모든 형태의 사유하며 다스리는 처분을 벗어나는 그것", 즉 "벗어나는 것"이기에, 존재사건의 경험은 존재의 내어줌에 대응하는 인간의 회상적 사유를 통해 만날 수 있음을 밝히면서, 하이데거 전집 65권 *Beitraege zur Philosophie. Vom Ereignis*철학에의 기여. 에어아이크니스로부터에 따라, '존재사건'이 드러나는 과정을 1. 존재의 떠나있음의 상태에서 거부하는 존재의 진리가 울리는 것에서 시작하여, 2. 그러한 거부는 첫 번째 시원의 역사에로의 돌아감을 통해 인간에게 "건네는 놀이"로 주어지고, 3. 다른 시원과의 연관성에서 "도약"을 통해 명시적으로 존재사건이 드러나며, 4. 이제 존재사건에로 도약하는 사유가 새로운 시원을 위한 "지반을 놓기" 시작하게 되며, 5. 이를 통해 궁극적으로 미래적 현존재인 "도래할 자들"이 등장하게 된다는 것으로 끝맺는다.

이어서 이기상의 둘째 시도는 하이데거의 '존재사건'을 한국적 현존재와의 존재론적 관계 속에서 해명하는 작업으로 나타난다. 그것은 한국인의 존재론적 이해가 하이데거가 제시한 존재경험과 매우 유사하다는 것을 밝히는 것으로 나타난다. 이기상은 한국인의 존재가 항상 <사이에 있음>으로 이해되었음을 강조한다. 특히 한국인의 존재경험은 공간적으로는 존재자가 아니라 존재자 사이의 빔으로, 시간적으론 지속적 흐름이 아니라 찰나적인 '때-사이'로, 사물과의 관계 속에서는 객체를 지배하는 주체의 시각이 아니라 '사물-사이(몬-사이)'로, 그리고 하늘과 땅, 사람 사이에서, 하이데거의 4방 세계를 떠올리게 하는 '하늘과 땅 사이', '사람-사이'로 이루어졌음을 밝히고 있다.

이것은 하이데거를 한국적 존재와 연결시키는 작업이고, 동시에 하이데거를 통해 한국적 현존재가 '누구'인지를 밝히는 시도로 볼 수 있다.

이기상의 "존재사건학"

이기상은 하이데거에 대한 수많은 저술과 논문들을 발표했다. 그의 작품들은 하이데거에 대한 그의 이해를 반영하고 있을 뿐 아니라, 이기상이 자신의 고유한 문제들과 만나면서, 그 문제들을 해결해 나간 길들이라고 할 수 있을 것이다. 이런 의미에서 이기상의 저서 『존재사건학』은, 하이데거의 단어 Ereignis에 대한 단순한 이해나, 존재와 보편적 인간의 본질 사이의 문제를 다룬 것이라기보다, 오히려 구체적인 현존재인 이기상이 한국적 '존재사건'과 만나기 위해 실존적, 탈존적으로 고뇌하였던 길들, '존재사건'과 대응하고, 경험하고, 기다리기 위해 "하나의 별을 향해 걸었던" 길들을 모은 "숲길들"이며 "이정표"라고 할 수 있을 것이다.

결국 그의 저서 『존재사건학』은 하이데거의 존재론과 한국적 존재론을 연결시키기 위해 '다리'를 놓으려는 이기상 자신의 '존재사건학'이라고 볼 수 있을 것이다. 그리고 그의 꿈은, 아마도, 그 다리 위로 많은 후학들이 서로 오가는 것을 보는 일일 듯싶다.

이기상 교수,
하나의 길 위에서 쉬다, 도봉산에서.

이기상 교수는 번역의 연금술사이다. 그가 옮긴 하이데거의 텍스트들에서 우리는 하이데거의 낯설고 기괴한 용어들이 낯익고 단아한 우리말로 재탄생하는 경이로운 과정을 목격한다. 몇 가지 예를 들어보기로 하자.

이승종
연세대학교
철학과 교수

번역의 연금술

1. 하이데거의 별명처럼 회자되어온 "피투성被投性"이라는 생경한 번역어의 원어인 "게보르펜하이트Geworfenheit"를 "내던져져 있음"으로 옮긴 것은 참으로 잘한 일이다. 이 번역어에 대한 이기상 교수의 설명을 들어보자.

> 인간 현존재는 그가 존재하는 한 그 자신의 힘으로 존재하게 된 것이 아니라, 오히려 원하든 원하지 않던 그에게는 그의 존재를 존재해야 하는 것이 과제로 앞서 부과되어 있어서 그가 자신의 존재해야 함을 떠맡아야 한다는 것을 가리키는 표현이다.
>
> 『존재와 시간』, 옮긴이의 주, 582쪽

"그의 존재를 존재해야 하는"이라는 어색한 표현이 옥의 티이지만 이를 제한다면 일반인이 읽더라도 큰 어려움 없이 이해하고 수긍할 수 있는 친절한 안내문이다. "피투성"에서 높은 담과 문턱을 경험한 사람은 이기상 교수의 노고가 결코 사소한 것이 아님을 인정할 것이다.

이기상 교수가 번역한, 하이데거의 『존재와 시간』, 1998.

하이데거의 『존재와 시간』의 번역 용어들을 따로 풀이한 『존재와 시간 용어 해설집』 표지, 1998.

2. "쭈한덴하이트Zuhandenheit"를 "손안에 있음"으로 번역한 것은 참으로 절묘한 착상이다. 기존의 우리말 번역과는 달리 원어에 담긴 '손'을 온전히 부각시키고 있는데다 실천적 배려와 도구로서 만나는 존재자의 존재양식이라는 원어의 의미도 잘 살리고 있다는 점에서 그렇다. "Zuhandenheit"를 "손안에 있음"으로 번역하는 것의 텍스트적 근거는 하이데거가 이 용어를 소개하는 대목에 바로 앞서 사용한 "한틀리히카이트Handlichkeit/ 손에 익음"에서도 찾을 수 있다. 데리다는 「하이데거의 손」이라는 글을 쓴 적이 있다. 이기상 교수의 손길로 말미암아 우리는 데리다가 어떻게 해서 하이데거의 손에 관심을 가질 수 있었는지를 이해하는 데 더 이상 어려움을 느끼지 않는다.

이기상 교수는 "Zuhandenheit"와 짝을 이루는 "포한덴하이트Vorhanden-heit"는 "눈앞에 있음"으로 번역하였다. 원어에 담긴 '손'이 이번에는 '눈'으로 바뀐 것이다. 인식적, 이론적 관찰과 대상으로서 만나는 존재자의 존재양식이라는 원어의 의미를 놓고 이론의 그리스어원인 테오리아가 '봄'이고 봄과 관찰이 모두 눈을 상정하고 있음에 착안해 "눈앞에 있음"을 선택한 것 같다. 창의적인 의역이지만 이로 말미암아 우리말로 만나는 하이데거는 양손 중 한 손만을 사용하게 된다. 번역은 참 어려운 일이다. 금을 만드는 일이 어디 쉬운 일이랴.

3. 이기상 교수의 번역에 대해 이견이 있는 부분도 있다. "게레데Gerede"를 "잡담"으로 옮기면서 그는 다음과 같이 말하고 있다.

> 말은 한번 언어에서 밖으로 말해져 근원적인 세계이해와 존재이해에서부터 떨어져 나오게 되면 밖으로 말해진 것을 눈앞에 놓여 있는 것으로 간주하여 그 근원을 잃게 될 위험이 생기게 되는데, 이때 세계-내-존재를 하나의 구분된 이해 안에서 드러내려고 애쓰지 않고 오히려 세계-내-존재를 폐쇄시키고 세계 내부 존재자를 덮어버리는 구체적 일상성에서의 '말'을 잡담이라고 칭한다.
>
> 『존재와 시간』, 옮긴이의 주, 584쪽

이기상 교수의 설명에는 대체로 동의한다. 그러나 그것이 "Gerede"를 "잡담"으로 번역해야 할 이유가 된다고는 보지 않는다. "게슈텔Gestell"이나 "게비르크Gebirg"의 경우 "게-Ge-"는 집합을 뜻한다. 이러한 맥락에서

"Gerede"와 "잡담" 사이에도 "Ge-"가 "잡雜-"이 되고 "-rede"가 "-담談"이 되는 대응 관계를 생각해볼 수 있다. 그러나 "Ge-"는 반복을 뜻하기도 한다. 여기에 초점을 맞추면 "Gerede"는 "반복된 말"이 된다. 이기상 교수의 설명에도 암시되어 있듯이 "Gerede"의 문제는 공간적 잡다함이 아니라 시간적 닳아빠짐에서 비롯된다. "잡雜"이 함축하는 공시적 차이가 아니라 통시적 반복과 그로 말미암은 (근원과의 만남의) 연기가 문제인 것이다.

이는 생생했던 은유가 퇴색한 결과물이 진리라는 니체의 통찰에 맞닿아 있기도 하다. "잡담"에는 이러한 역사적 마모의 흔적이 충분히 배어 있지 않다. 『존재와 시간』의 영역자인 매커리와 로빈슨, 스탬바우가 택한 "아이들 톡idle talk"라는 번역어는 이러한 의미를 어느 정도 담아내고 있다. 이는 힘 걸림 없는 상태의 엔진의 공회전을 "아이들링idling"이라고 하는 데 착상한 용어가 아닌가 싶다. (비트겐슈타인도 언어의 공회전을 비판한 적이 있다.) 그러나 "idling"에 통시성이 부족한 관계로 "idle talk"도 만족스러운 번역어는 못 된다. 우리말로 돌아와 대안을 찾자면 "잡담"보다는 "뻔한 말"이 어떨까 싶다. 니체의 관점에서 보자면 진리의 문제는 그것이 틀렸다는 데 있는 게 아니라 뻔한 말이라는 데 있다. 존재 체험을 담기에는 턱없이 진부한 말, 그러면서도 그 진부함 때문에 틀리지는 않는 말, 그런 것이 하이데거가 "Gerede"로 의도한 바가 아닐까.

이기상 교수는 하이데거의 언어에 대한 기존의 한문 투 번역을 과감히 벗어 던지고 투박하거나 진부한 말이 아닌, 존재 사태를 오롯이 담아내는 우리 고유의 금빛 언어로 다듬어 내왔다. 그의 장인정신으로 빚어진 우리말로 우리의 사유를 펼칠 시대가 오고 있다. 그에게 빚진 우리로서는 그것이 우리가 앞으로 짊어지게 될 전향의 역운歷運, 혹은 易運이다. 평생에 걸친 이기상 교수의 노고와 헌신에 머리 숙여 깊은 존경과 감사를 표한다.

새몸 이기상의 언어관을 이끌고 있는 <언어>에 대한 열 가지 명제

① 언어는 세계를 보는 눈이다.

② 언어는 민족을 묶는 끈이다.

③ 언어는 사고방식을 형성해주는 틀이다.

④ 언어는 의식의 밑바탕을 이루는 무의식이다.

⑤ 언어는 정서의 공감대이다.

⑥ 언어는 자주와 자율의 바탕이다.

⑦ 언어는 자유와 평등의 조건이다.

⑧ 언어는 학문(과학)을 위한 필수불가결의 전제이다.

⑨ 언어는 사람 사이의 다리이다.

⑩ 언어는 존재의 집이다.

《들숨날숨》, 1999년 9월호, 21~24.

하이데거와 더불어 하이데거를 넘어

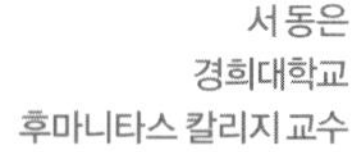
서동은
경희대학교
후마니타스 칼리지 교수

서양의 근대 문명은 두 가지 얼굴을 가지고 있다. 그 하나는 오랜 신화적 사유에 종지부를 찍고, 합리적 사유를 통해 과학혁명, 경제혁명, 정치혁명 그리고 개인인권의 발견이라는 새로운 해결책을 제시하여, 유럽을 전대미문의 새로운 문명의 세계로 인도하였다는 점이고, 다른 하나는 바로 이러한 합리성을 바탕으로 하여 이 범주에 들어오지 않는 모든 것들에 대한 지배와 억압으로 이어져, 급기야는 제국주의로 발전, 세계 여러 나라에 식민지를 만들어 점차 지구적 재난의 원인이 되고 있다는 점이다. 하이데거의 기여는 바로 근대적 합리성과 과학의 세계로부터 벗어나, 새로운 존재 이해의 가능성, 새로운 문명 이해의 가능성을 새로운 관점에서 제시했다는 점에 있다고 말할 수 있을 것이다.

그런데 우리는 하이데거의 문제의식을 수용하면서 이중 삼중의 과제를 안고 있다. 하이데거의 사유를 따라 서양 근대의 극복이라는 과제와 동시에 서양의 존재중심의 사유를 벗어나야 하는 과제 가운데 있는 것이다. 이것은 근대 일본의 식민지를 경험하면서 한국에 이식된 번역어의 문법에서 벗어나는 과제와도 밀접한 연관을 가진다. 오늘날 우리들은 철학이라는 말을 비롯해서 이성, 오성, 판단력, 구상력, 문명, 개화, 국민성, 윤리, 행복 등의 수많은 개념들을 철학 개념으로 받아들이며 학문 활동을 하고 있다. 이러한 개념어들은 일본이 서양 문물을 수입하면서 만들어낸 번역어들이다. 당시 일본의 지식인들은 문명文明 이란 그 단어는 중국인들이 사용하던 고전에서 찾아내었으면서도 이를 이해하기 위해서는 서양에 조회해 보아야 한다고 생각했다. 이 단어들은 다시 한국과 중국에 수출되어 현대에 이르기까지 사용되고 있다.

우리말로 철학하기의 새긴 뜻이 담긴 사업

<우리말 철학사전>을 펴내며

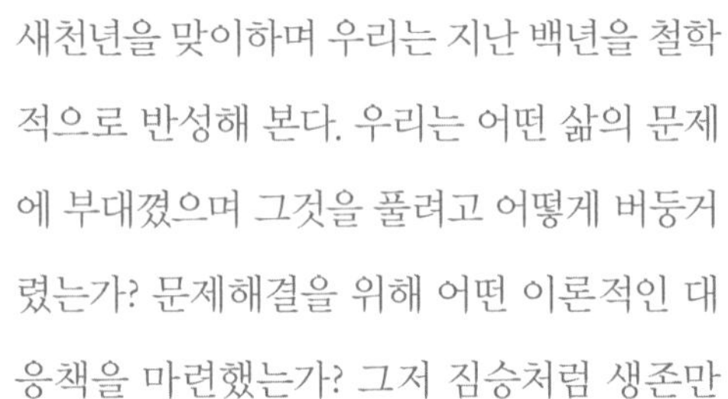

(줄임)

새천년을 맞이하며 우리는 지난 백년을 철학적으로 반성해 본다. 우리는 어떤 삶의 문제에 부대꼈으며 그것을 풀려고 어떻게 버둥거렸는가? 문제해결을 위해 어떤 이론적인 대응책을 마련했는가? 그저 짐승처럼 생존만을 위해 임기응변식으로 반응하지 않았다면 우리들 나름의 철학적 대응이 있었지 않았겠는가? 어디서 우리는 그러한 우리들 나름의 <철학함>의 흔적을 찾을 수 있는가? 우리들 삶의 현장에서 부대낀 우리들의 아픔이 반영된 우리들의 시대정신은 무엇이었으며 우리는 그것을 철학적으로 어떤 개념으로 잡았는가? 우리가 주체적으로 우리의 삶의 세계를 반성하며 철학적으로 붙잡은 우리들의 철학이야기는 어디에 있는가? 우리는 우리말로 된 <철학사전>과 우리들의 철학적인 삶의 이야기를 기술한 <철학사>를 갖고 있는가?

우리는 지난 50년 수많은 철학사조들이 밀려왔다 밀려나간 것을 정신으로뿐 아니라 그야말로 몸으로 확인하며 살았다. 관념주의, 마르크스주의, 사회주의, 공산주의, 유물론적 역사주의, 실존주의, 개인주의, 실용주의, (논리)실증주의, 과학만능주의, 모택동주의, 주체주의(철학), 문화상대주의, 구조주의, 해체주의, 탈근대주의, 공동체주의 등등 대충 훑어만 보아도 얼마나 많은 사조들이 우리들의 삶의 현장을 뜨겁게 달구었는지 알 수 있다. 문제가 있는 곳에 철학이 있고, 큰 문제가 많은 곳에 위대한 사상가 또는 철학자가 태어난다고 하지 않는가? 지난 50년 우리는 그야말로 전세계의 문제를 다 떠맡다시피 하며 살아왔다. 그런데도 우리에게는 손꼽을 만한 위대한 세계적인 사상가나 철학자가 없다니 그것은 웬일인가?

(건너뜀)

인류가 가지고 있는 차이를 최대한 살려 천차만별의 꽃들이 만발하도록 해야 하는 <문화의 세기>에 한국인인 우리에게 주어진 과제는, 우리말로 주체적으로 사유하여 우리만의 독특한 문화의 밭을 일구어내 우리만의 고유한 아름다운 꽃을 피워 세계에 내놓는 일이다. 그러기 위해서 제일 먼저 해야 될 사업은 우리말로 된 철학사전을 만들어 출간하는 일이다. 자기만의 독특한 철학줄기를 이루고 있는 독일어권, 프랑스어권, 영미어권 등의 민족문화권을 보면 그들이 제일 먼저 최대한의 노력을 들여 실행한 사업은 자신들의 언어로 된 철학 사전, 철학개념 사전, 철학 개념사 사전, 철학 대백과 사전 등을 편찬해낸 일이다. 그런데 우리는 즐겨 선진국임을 표방하면서도 철학사전 편찬에 관한 한 아무런 노력도 들이지 않았다. 우리말로 주체적으로 사유하여 정리한 우리의 <철학함>이 담긴 우리말 철학사전이 출간된 적이 없다. 지금 잘 팔리고 있는 가장 큰 『철학대사전』이라는 것을 보면서 우리는 거기에서 부끄럽지만 바로 우리 철학계의 현주소를 읽는다. 그 책은 (서양철학에 관한 항목들은 모두) 동독 철학자들이 발간한 <마르크스 레닌 철학사전>과 <철학자 인명사전>을 번역하여 출간한 것이다. 독일이 통일된 지금 이 두 사전은 정작 독일에서는 일반시중에서는 찾아볼 수 없고 박물관이나 도서관에나 가야 볼 수 있다. 우리는 독일에서는 폐기처분되어 아무도 보지 않는 철학사전을 우리들의 철학도들을 위해 시중에서 판매하고 있는 것이다. 정말로 어처구니없는 식민지 상황이다.

사전편찬작업은 많은 전문인력을 요구하며 오랜 준비기간을 필요로 하는 매우 어려운 사업이다. 지금 독일어권에서 발간되는 가장 내용이 알차고 제일 규모가 큰 사전은 『철학 개념사 사전』(Historisches Wörterbuch der Philosophie)으로서 지금까지 열 권이 출간되었으며 앞으로 두 권이 더 발행될 예정이다. 이 사전은 그 준비기간만 40년 이상이 걸린 독일 철학계의 최대 노작이다. 이 사전출간을 위해 독일 철학계는 오랜 기간 동안 <철학개념사 잡지>를 발간하며 그 준비를 해 왔다.

우리도 언젠가는 그런 대규모의 작업을 한국 철학계가 나서고 교육부가 적극 후원하여 이루어내야 되리라고 본다. 그렇지만 언제까지나 그 시행시기만을 기다리고 있을 수는 없다. 그래서 몇몇 뜻을 같이 하는 학자들이 용기를 내어 <우리말 철학사전 편찬위원회>를 결성하여 철학사전을 준비하기로 했다. <우리사상연구소> 후원 아래 결성된 이 위원회는 우선 앞으로 5년 동안 60개의 철학 기본개념을 선정하여 매년 12개의 개념을 정리한 <철학사전>을 출간하기로 결정했다.

우리는 어떤 항목을 어떤 형태와 방식으로 다룬 철학사전을 출간해야 하는가에 대해 많은 의견을 나누었다. 그 결과 우선은 다음과 같은 큰 원칙과 얼개에 합의하였다. 대원칙은 <우리말로 철학하기, 주체적으로 사유하기>이다. 그 철학개념의 기원과 유래가 어찌 되었든 그것을 우리의 생활세계에서 우리말로 고민하며 우리 것으로 만들어야 비로소 그런 개념들이 생활 속에 생활과 더불어 살아있는 철학개념일 것이다. 우리는 그러한 개념들을 정리하여 체계적으로 설명하기로 했다. <우리말 철학사전>은 단순히 서양에서 통용되고 있는 철학개념의 내용을 소개하는 차원의 사전이기를 지양하고, 이 시대 이 땅에서 살며 고민하는 한국의 철학인의 <철학함>이 배어 있는 그런 철학개념들을 담은 살아 있는 철학사전이기를 표방한다. 그러기 때문에 어떤 사람들에게는 너무 한국적인 주장을 전개하는 철학이론서가 아닌가 하는 인상을 줄 수도 있다. 그렇지만 우리는 우리들의 삶의 문법이 녹아 있는 우리들의 고유한 철학을 펼쳐 보이기 위해서는 지금까지와는 다른 다양한 철학함의 방식들이 시도되어야 한다고 본다. 이 사전 출간과 더불어 다양한 철학적 논의들이 불붙어 이 땅에서의 주체적인 철학함이 기지개켜며 힘찬 날갯짓을 펼치기를 기대해 본다. (줄임)

-2001년 2월 15일
우리말 철학사전 편찬위원회 위원장 이기상
(편찬위원들 : 박순영, 박종대, 백종현, 신승환, 이기상, 이승환, 최봉영)

이러한 개념들을 사용하고 있는 한, 우리는 일본인이 서양 문명을 이해하는 세계 이해의 틀에서 벗어날 수 없다. 혹은 중국인이 이해했던 존재 이해의 틀에서 벗어날 수 없는 것이다. 대표적으로 근대 일본의 지식인인 후쿠자와 유키치(福澤諭吉)는 문명개화라는 말을 만들어 냈는데, 이 말은 오늘날 까지 서양 문명을 기준으로 하여 문호를 개방하는 것을 뜻한다고 해도 과언이 아니다. 이러한 사유의 틀에서 벗어나지 못하는 한 우리는 서양의 문명을 기준으로 삼고 계속해서 이러한 문명을 추구해야 하는 것처럼 생각하게 될 것이다. 그러나 문명이란 의미를 자신의 고유한 전통과 문화에서 찾아내려고 한다면 전혀 다른 관점이 가능할 것이다. 이와 같이 기존의 문법과 틀을 벗어나지 못하면 우리의 사유는 우물 안 개구리 식의 좁은 울타리에서 벗어나지 못할 것이다.

이기상 선생님은 하이데거의 언어를 통해서 사유하시면서도 하이데거를 넘어서 한국 언어에 드러난 존재 이해를 드러내 보임으로써 하이데거를 넘어서는 폭넓은 지평을 열어주고 계시다. 이와 관련하여 선생님은 대표적으로 한국인의 존재 이해의 구조를 '찰나적 이음'으로 설명하셨다. 빔 사이(空間)에, 하늘과 땅 사이(天地間)에, 때 사이(時間)에, 사람 사이(人間)에 주목하시면서 한국인의 존재 이해는 텅 비어 있음 사이의 유한성으로의 찰나적 순간(瞬間)임을 말씀하셨다. 이 말의 의미를 이해하고 보니, 하이데거의 존재 이해가 보다 선명하게 다가오게 되었다. 하이데거는 『존재와 시간』에서 탄생과 죽음 사이에 존재하는 유한한 존재로서의 인간을 언급한 바 있다. 하이데거의 언어에서나 한국어에서나 똑같이 존재가 유한성의 범주로 파악되고 있지만 그 내용은 전혀 다른 관점에서의 접근인 것이다. 선생님은 과학의 문법에서 벗어나 새로운 존재 중심의 사유를 하이데거에게서 발견하시면서도 더 나아가 무(無) 혹은 허공(虛空)의 관점에서 사유하는 한국의 언어 전통 속에서 새로운 존재 사유의 가능성을 우리에게 보여주신다.

안호상 선생님과의 대담

외대 철학과 이기상 작성. (1997년 3월 29일 11:00 방배동 자택.)

- 선생님께서는 1946년에 내신 『논리학』에서 이렇게 말씀하셨습니다.

한자(漢字)를 폐지하고 한글, 한자술어(漢字述語) 대신에 한글술어, 세로로 대신에 가로로 쓰는 시도를 했다… 제 말이 아니고는 제 생각이 없고, 제 글이 아니고는 제 학문을 창조할 수 없다는 것을 깊이 깨닫지 아니하면 아니된다. 우리의 위대한 학문은 한글의 학술어로 생각하고 쓰는 데서만 될 수 있음을 다시 한 번 강조하는 바이다.

『논리학』의 머리말.

50년이 지난 지금, 〈우리말로 철학하기〉가 어느 정도 진척이 되었다고 생각하십니까?

- 선생님께서는 그보다 앞서 이미 1942년에 『철학강론』을 우리말로 출간하셨습니다.
그 때에 선배와 친구들로부터 받은 충고와 비난을 다음과 같이 술회하셨습니다.

> 첫째로 우리말로 출판함은 일제의 경찰이 나를 위험한 배일자(排日者)로 볼 것이며, 둘째로 아무리 우리말로 저서해 보았자, 일본의 학자들에게 인정을 못 받을 것이며, 셋째로는 우리말로 지은 책은 팔리지 아니한다는 비난과 충고이었다.
>
> 『논리학』의 머리말.

철학에 있어서 일본에의 의존도가 해방 이전과 이후 어느 정도였으며 지금은 어떻다고 생각하시는지 알고 싶습니다.

번역어와 관련해서도 나는 선생님의 도움을 많이 받았다. 나 자신 유학 전에 하이데거의 저서를 접해본 적이 거의 없는 상태였던 터라, 한국에 와서 본격적으로 많은 고민을 하게 되었다. 독일에서는 그다지 고민이 안 되었던 하이데거의 용어가 새삼 다시 새로운 의미를 띠고 다가온 것은 한국에서 학술활동을 하면서부터였다. 이 때 선생님이 번역하신 책이 많은 참고가 되었다. 처음에는 생소하였지만, 시간이 지날수록 번역어에 담긴 선생님의 깊은 생각을 읽을 수 있어서 늘 새롭다. 한번은 선생님이 이끄시는 대학원 세미나에 참석한 적이 있었다. 독일어를 한국어로 옮겨 놓고 어떻게 하면 보다 나은 한국어 번역어를 선택할 수 있을까 하는 진지한 고민을 하시는 모습이 참으로 인상적이었다. 이 때 차분하고 치밀한 선생님의 철학함의 자세를 느낄 수 있었다. 새로운 번역어가 이러한 선생님의 심사숙고에서 나오는 것임을 알게 되었다. 선생님의 이러한 태도는 선생님의 글에서도 일관되게 느낄 수가 있다. 선생님의 언어에 대한 그리고 언어에 의한 철학함의 방식을 통해서 새롭게 사유하게 된 것들은 여기에 다 열거할 수 없을 정도로 많다.

나는 선생님이 번역하신 '눈앞에 있음' 개념과 '손안에 있음' 개념을 가지고 하이데거의 사유과정을 보다 명쾌하게 이해하게 되었고, 이를 바탕으로 후학들에게 자주 시각적 인식론과 손을 통한 감각적 인식론을 대비시켜서 설명하기도 한다. 이러한 과정을 통해 하이데거의 저작을 읽다보니, 하이데거 자신 또한 자신의 모국어인 독일어로 새롭게 사유하고 있다는 것을 알게 되었다. 하이데거는 그리스어나 라틴어가 아닌 그것의 본래적 의미와 연관하여 그것을 독일어로 옮기는 과정에서 독자적인 사유의 길을 간 것이다. 언젠가 선생님은 칸트의 저술 『순수이성비판』의 의미도 라틴어에서 벗어나 독일어로 사유하기 시작한 것과 밀접한 연관을 가진다고 말씀하셨다. 말이란 단지 사물을 지시하거나 자신의 의견을 표현하기 위한 수단만이 아니다. 말은 세계와 존재를 담고 있는 그릇이다. 자신의 언어로 사유하기 시작하면서 새로운 존재사건이 열릴 수 있는 것이다.

학술논문

하이데거는 『존재와 시간』에서 존재의 다양한 의미와 그 통일적 이념을 파헤치기 위해, 비주제적으로 암암리에 이미 각양각색의 존재자와의 만남에서 그 존재자들을 이해하며 관계 맺고 있는 인간의 생활세계와 그 삶의 문법에 주목한다. 『존재와 시간』은 이렇게 존재이해가 일어나고 있는 인간 현존재의 세계-안에-있음을 체계적으로 구조적으로 분석하여, 존재가 시간적으로 어떻게 인간에게 주어지며 인간이 어떻게 거기에 응답하는지를 드러내 보임으로써, 존재의 의미에 대한 물음에 대답하기 위한 토대를 마련하고자 한다. 따라서 우리는 『존재와 시간』을 존재사건에 대한 공시적인 시각에서의 탐구(synchronische Untersuchung)라고 할 수 있다. 그리고 그 이후 소위 후기에서의 존재역사 내지 존재역운에 대한 탐구는 <존재사건>에 대한 통시적(diachronische)인 접근방식이라 할 수 있겠다. 어쨌든 <존재와 시간>은 하이데거의 전 사상을 두루 꿰뚫고 있는 유일한 그의 관심사임에 틀림없다. (건너뜀)

내가 [하이데거의 『존재와 시간』을] 번역하면서 가장 고심한 부분은 하이데거의 핵심용어를 그 사태내용에 맞게 우리말로 옮기는 일이었다. 많은 경우 적합한 번역어가 없기에 차선책을 찾아야 했고 그러다 보니 사태에서 조금씩 벗어나는 경우가 종종 있었다. 거기에다 하이데거 자신이 설명에 매우 인색하기 때문에 그는 대개의 경우 자신의 중요개념들을 아무 해설 없이 선언적으로 사용한다. 그렇기 때문에 독자는 문맥에서, 철학사적 배경에서 하이데거가 의도하고 있는 것이 무엇인가를 찾아내 해석해야 하는 과제까지 떠맡아야 한다. 하이데거의 텍스트의 경우 번역은 곧 해석이다. 그렇지만 『존재와 시간』 같은 세기의 명작을 전적으로 번역자의 의역에만 맡길 수는 없다. 가능한 한 텍스트에 충실하면서 텍스트가 담고 있는 의미를 알기 쉬운 우리말로 옮겨야 하는 것이 번역자가 짊어져야 할 어려운 과제이다. 이 과제를 성실하게 수행하려고 나는 처음에는 옮긴이 주를 많이 달아 텍스트이해에 도움을 주려고 애를 썼지만 곧 그것도 한계가 있음을 깨닫게 되었다. 그래서 자세한 옮긴이 주가 딸린 용어해설집을 『존재와 시간』 번역서와 함께 별책으로 출간하기로 마음을 정하게 되었다.

이기상, 「존재사건과 존재지평 한국어의 존재(있음)에서 읽어내는 존재사건」, 『존재론 연구』(제15집), 2007.

선생님은 하이데거의 사유를 통해 서양인의 존재 이해를 파악하셨고, 그러한 사유와 더불어 이것을 한국어로 옮기는 과정에서 한국어를 통해 이해할 수 있는 새로운 존재사건을 읽으려고 하신다. 나는 선생님의 소개로 알게 된 유영모의 책을 통해 선생님과 같은 시도를 하고 있었음을 나중에 알게 되었다. 선생님의 논문과 책들은 서양언어를 배워 서양의 정신을 흡수하기에 급급했던 나에게 새로운 사유의 지평을 열어주셨고, 지금도 열어주고 계시다. 논문을 쓸 때면, 늘 선생님의 번역어를 통해 새로운 사유에 열리는 나를 발견한다. 이러한 선생님의 학자로서의 자세와 학문정신은 언제나 나의 학문적 여정에 좋은 길잡이가 된다.

독일 Bochum에 있는 Hegel-Archiv에서 페겔러 교수를 방문한 이기상 교수, 93년

한국에 방문한 페겔러 교수와 대담하는 이기상 교수, 91년

선생님의 글을 읽으면서 다음과 같은 사실을 깨닫게 된다. 과학적 사유로부터의 해방, 서구 중심적 사유, 이성적 사유로부터의 해방 그리고 새로운 성스러움의 발견이야말로 오늘 우리들이 추구해야 할 새로운 존재 가치임을 말이다. 하이데거와 더불어 사유하시면서 하이데거를 넘어 새로운 존재 이해의 가능성, 새로운 문명의 가능성을 모색하시는 선생님의 학문적 탐구의 정신에 머리를 숙이며, 선생님이 물으셨던 물음을 다시 되새기고, 선생님의 사유의 흔적을 따라 새로운 사유의 지평을 여는 길을 가는 다짐을 조심스럽게 해 본다.

선생님이 걸어오신 철학함의 길은 지나치게 서양 학문에 빠져, 자신의 토양과 그 토양에서 나오는 문제의식을 망각한 채 살아가는 학인들, 그리고 서양의 것을 배우려는 자세보다는 자생적인 것만을 강조한 나머지, 폐쇄적 사유의 틀을 벗어나지 못하는 학인들에게 좋은 귀감이 된다. 자신이 알고자 하는 학자와 학문에 충실하되, 마침내는 그 학자의 문제의식을 넘어 새로운 지평에로 넘어가는 학문의 자세야말로 오늘 후학들이 이기상 선생님이 걸어오신 '사유의 길'을 보면서 본받아야 할 길이 아닐까 한다. 하이데거를 전공한 나에게는 선생님의 이 길이 '하이데거와 더불어 하이데거를 넘어'라는 말머리화두로 다가온다.

김 권일
광주가톨릭대학교
철학 교수

<특별기고> 서평:

이기상, 『글로벌 생명학 – 동서 통합을 위한 생명 담론』[1]

『환경 위기의 철학』의 저자 비토리오 회슬레는 '생태학이 우리 시대의 제1철학이다'라고 말한다.[2] 제1철학이 고대 아리스토텔레스 시대에는 신학이었고 근대에는 인식론이었으며 20세기 초에는 언어학이었다. 그러나 회슬레에 따르면 20세기말 지금 제1철학은 생태학이어야 한다는 것이다[3].

회슬레의 이러한 주장은 단지 20세기말에만 적용되는 것이 아니라 21세기인 오늘날에도 여전히 유효한 것이다. 2011년 3월 일본 동북부 지역에 엄청난 규모의 쓰나미가 밀려와 순식간에 몇몇 도시들을 휩쓸어 버린 경천동지(驚天動地)한 사건이 발생했다. 21세기를 사는 우리는 과거보다 훨씬 더 많은 위기와 위험에 직면해 있다. 지구 온난화의 심화, 빠른 속도로 진행되는 빙하 지대의 소실, 내륙 지역의 사막화 현상, 지하수의 오염과 고갈, 생명체의 개체수 감소, 대홍수, 극심한 한파, 잦은 폭설, 강도 높은 지진, 재생 불가능한 자원의 고갈, 핵발전소의 위험 증가, 열대우림의

1 출처: 김권일, 「서평, 이기상의 『글로벌 생명학: 동서 통합을 위한 생명 담론』」, 『신학전망』(제176호), 2012년 봄, 239~245.

2 비토리오 훼슬레, 『환경 위기의 철학』, 신승환 역, 서강대학교 출판부, 1997. 이기상, 『글로벌 생명학』, 자음과 모음, 2010, 235에서 재인용.

3 이기상, 앞의 책 참조.

벌목, 살상력이 극대화 되고 있는 무기에 의한 전쟁 등은 인간을 비롯한 뭇 생명체들의 생명살이를 끊임없이 위협하고 있다. 이러한 이유 때문에 오늘날 우리가 사는 21세기에도 여전히 인류가 첫 번째로 꼽고 있는 화두는 생명 또는 생태계의 문제일 수밖에 없다.

이러한 시대적 상황에 직면해서 그 동안에 있어 온 환경문제나 생태계에 관한 주장들은, 주로 서양인들에 의해 주도되고 제시된 것들이었다. 이제는 우리도 한국인의 시각에서 시대문제에 대해, 단편적인 답변이 아닌 근원적이고 종합적이며 체계적인 해답을 제시할 때가 되었다. 때마침 최근에 한국인의 시각으로, 생명이 화두인 21세기를 위한 '에피스테메인식의 틀'를 제시하고자 하는 시도가 책으로 출판 되었다. 참으로 반가운 일이다. 하이데거를 전공하고 대학에서 서양철학을 가르쳐 왔던 한국외국어대학교 이기상 교수가, 10여 년 전부터 해온 한국인의 삶 속에서 한국인만의 독특한 '생명'의 의미를 해석해 내는 작업의 결과물을 한권의 책으로 내놓았다. 그 책이 바로 『글로벌 생명학 : 동서 통합을 위한 생명 담론』이다.

이 책은 다음과 같이 총 아홉 장으로 구성 되었다. 제1장 지구 살림살이를 위한 발상의 전환. 제2장 새로운 생명 담론의 지평 모색. 제3장 생명, 그 의미의 갈래와 얼개. 제4장 한국인의 삶 속에서 읽어내는 생명의 의미. 제5장 다석 생명사상의 영성적 차원. 제6장 함석헌의 생명학적 진리. 제7장 김지하의 생명 사건학. 제8장 생명의 진리학과 생명학, 지구 생명 시대의 생명 문화 공동체. 제9장 새로운 시민운동으로서 생명문화운동.

이상과 같이 구성된 이 책의 내용을 간단히 살펴보도록 하자. 제1장과

제2장에서 저자는 인간 중심에서 '생명' 중심으로 인식의 전환, 대립과 경쟁에서 비움과 나눔과 섬김에 의한 생명살이에로 삶의 태도 변경의 필요성과 새로운 생명 담론을 강조한다. 그동안 세계를 지배해 왔던 세계관과 가치관은 주로 인간중심주의적인 시각에서 이루어진 서양의 세계관과 가치관이었다. 환원주의, 기계론적 세계관, 진화론, 단일결정론 등과 같이 서양인에 의해 이루어진 세상보기 방법이 이제는 사방팔방에서 비판을 받고 있음을 저자는 말한다. 특히 저자는, 자연도태와 적자생존의 원칙을 내세우는 진화론적 세계관이 서양의 세계관과 가치관 형성에 큰 비중을 차지하고 있음을 말하면서 진화론적 세계관의 문제점을 다음과 같이 지적한다. 진화론적 세계관 안에는 우주 진화의 꼭대기 위에 인간이 진화의 꽃으로 설정되어 있다. 이러한 진화론적 세계관은 강자만이 살아남는다는 진화의 법칙에 의해 우주의 주인이며 정복자가 된 인간이 모든 존재물을 자신의 뜻대로 다스려도 된다는 생각을 만연시켰다. 그리고 진화론적 세계관은 무한 경쟁을 내세워 인간에 의한 인간의 지배가 정당화 되는 현상을 일으키고 있다. 서양은 무한 경쟁의 논리를 진화론에서 배우고 있다. 하지만, 지구 전체를 '온 생명'으로 인식하고 공존과 상생을 지향해야 하는 21세기에서 무한 경쟁의 논리는 어울리지 않는 삶의 모델이다. 이 책에서 저자는, 한국 사람이면 누구나 사용하는 '살림살이'라는 말에서 21세기가 요구하는 생명학적 가치를 제시한다. 일반적으로 볼 때, '살림살이'라는 단어는, 생명을 살리는 것을 생활화하는 것을 의미하는 말이다. 저자는 '살림살이'라는 단어가 지닌 이러한 의미를, 살아 있는 것이 그 생명의 가치를 유지하고 보존할 수 있도록 배려하고 보살피는 행위로 심화

시킨다. 저자에 의하면, 살아있음을 소중한 가치로 대하는 우리 선조들의 생활방식은, 살아있음을 '생명生命'이라고 명명하였다. '생명生命'이라는 단어는 '사름삶을 명받았다'는 의미를 지니고 있으며, 명命 받았다는 의미 때문에 '목숨', '생물' 등과 같은 단어와는 달리 '생명生命'이라는 말은 '성스러움'의 분위기를 담고 있다고 저자는 말한다. 사름삶을 명받은 생명체는 모두 다 성스러움을 간직하고 있기 때문에 미물일지라도 감히 함부로 대할 수 없는 것이다. 저자는 이 책에서 사름삶을 명받은 생명체를 위한 살림살이는 비움과 섬김 그리고 나눔의 원칙을 따라야 한다고 그 이유를 밝히고 있다. 또한 이 책에 따르면, 모든 것이 전 세계적으로 긴밀하게 연결되어 돌아가는 지구촌 시대의 삶의 방식은 더 이상 대립과 대결이 아닌 '더불어 사는 삶'으로 바뀌어져야 하며, '더불어 사는 삶'의 태도는 비움, 나눔, 섬김, 살림이 전제되어야 한다. 이상과 같은 시대적 요구를 담아내기 위해 이 책의 저자는 서구 사상의 영향 아래 놓여 있고 또한 생명 존중감이 희박한 생태학이라는 용어 사용을 포기한다. 새로운 대안으로 그는 제2장에서 한국인의 생명관과 한국인의 학문관이 스며있는 그러한 학문으로서의 '생명학'을 정립하고자 하는 취지를 밝히고 있다.

제3장에서 저자는 그 동안 동서양의 전통 안에서 이루어진 생명에 대한 다양한 논의들을 개괄적으로 소개하면서 생명에 대한 정의의 어려움을 말하고 있다. 그리고 저자는 이 시대를 살아가는 사람들이 공감할 수 있는 생명 이해의 관점이 조속히 정립되길 요청하고 있다.

제4장은 단군신화, 한민족의 '한'이라는 글자에 담긴 의미, 최치원, 최한기, 동학 등의 한국인의 삶 속에 담긴 생명사상을 소개한다.

제5장에서 저자는 다석 유영모의 생명 사상을 해석하여 소개하고 있다. 다석은 노장사상, 불교사상, 유교 사상, 그리스도교 사상을 토대로 하여 통합적이며 자연친화적이고 영성적인 사상을 제시한 우리나라를 대표하는 사상가다. 이 책의 저자는 다석의 평생 화두로 '생명'을 꼽고 있다. 삶이 바로 생명사상이며 사상이 곧 자신의 삶이었던 다석에 대해, 저자는 "다석은 마치 자신의 삶 전체를 생명이라는 놀음판에 판돈을 걸고 죽기 살기의 모험을 벌이듯 치열하게 살다 갔다."고 평가한다.[4] 20세기를 대표하는 철학자 하이데거에 의하면, 이성 중심과 인간중심의 20세기 서구문명이 낳은 병폐를 극복하기 위해서는 인간이 자신의 삶에서 쫓아낸 '성스러움'의 차원을 되찾아 와야 한다. 이와 유사하게, '생명'을 평생 화두로 삼았던 다석도 우리가 참 생명을 살기위해서는 제나(몸나와 맘나)에서 죽고 성령으로 숨을 쉬는 '얼나'로 변하는 영성의 삶을 살아야 한다고 이 책은 말한다. 없음과 비어 있음에서 성스러움과 거룩함을 체험한 다석은, 하느님을 '없이 계신 분'으로 묘사하고 우리의 삶이 하느님의 없이 계심같이 그렇게 없이 살기를 가르치고 있다고 저자는 밝힌다.

제6장에서는 함석헌의 생명사상을 말하고 있다. "생명生命은 '살라'는 하늘의 절대 명령이다."[5] 저자의 분석에 따르면, 함석헌은 살라고 명을 내리는 하늘의 뜻으로서의 생명과 그 뜻에 따라 구체적인 시공간 속에 존재하며 자신의 생명의 에너지를 사르는 개별 생명체를 구별하고 있다. 마치

4 이기상, 앞의 책, 150.

5 함석헌, "평화의 운동을 일으키자", 『생각하는 백성이라야 산다』, 함석헌 전집 14, 한길사, 1993, 29. 이기상, 앞의 책, 211에서 재인용.

하이데거가 존재와 존재자의 차이를 말하기 위해 '존재론적 차이Ontologische Differenz'를 언급했듯이, 저자는 함석헌의 주장에 나타난 생명과 생명체의 구별을 '생명학적 차이'라고 부른다. 이러한 주장을 토대로 하여 저자는 서양 사상사에서는 '생명학적 차이'가 간과 되어 왔다고 말한다. 함석헌의 사상에서 '생명학적 차이'라는 개념을 창안해낸 저자의 해석학적 눈은 참으로 탁월하다. 이 책의 저자가 주장한 '생명학적 차이'를 주제적으로 인식한 사람들은, 앞으로는 생명과 생명체를 구분하지 않은 채 애매모호하게 생명을 말하지 않을 것이다. 또한 함석헌은 우주 안에 존재하는 모든 것은 '생명' 곧 '살라는 하늘의 명령'을 향해 존재해 간다고 보고 있는데 이를 저자는 '생명의 지향성'이라고 칭하고 있다. 이 책은 함석헌의 새로운 진리관에 대해서도 이렇게 말한다. 하늘의 명령에 따라 사는 온갖 형태의 삶 안에서 참을 찾아야 한다. 참을 찾아나서는 길이 곧 진리이다. 하늘에서 부여 받은 명령을 알아보고 그 명령을 지향해서 살고자 하는 삶이 곧 참이다. 이러한 함석헌의 진리관을, 이 책은 로고스 중심의 서양 인식론적 진리 이해와는 다른 '생명학적 진리'로 해석하고 함석헌의 사상적 특징이 바로 '생명학적 진리'에 있다고 주장한다.

제7장에서 저자는 21세기를 생명과 영성의 시대로 규정하고자 했던 김지하의 생명사상에 대해서 말하고 있다. 이성에 토대를 둔 과학이 지배하는 현대는, 죽임(전쟁, 폭력, 고문과 억압, 자연계의 파괴, 핵무기 개발, 여성과 어린이에 대한 억압과 멸시, 마약, 살인, 대기와 수질 오염, 비인간적 제도와 교육…)과 죽음 그리고 주검이 판치고 있는 세계이다. 김지하에 따르면 이러한 세계를 극복하기 위해서는 이성이 아닌 우주적 영성과 정신성에 주목하여 생

명의 시대를 열어야 한다. 이를 위해 보이는 것뿐만이 아니라 보이지 않는 질서까지 찾아 나선 김지하는, 풍류도에서 동학사상에 이르기 까지 그 안에 나타난 한국인들의 생명 존중 사상을 찾아내어 새로운 모델을 제시하고자 한다. 김지하는 인간을 더 이상 이성의 차원에서 이해하지 않고 신령한 우주 생명의 담지자로 이해한다. 인간뿐만 아니라 만물 안에는 신령한 우주 생명이 내재해 있으므로 인간 자신 안에서 그리고 만물 안에서 신령한 우주 생명을 느끼고 이에 동참하는 사람이 참된 사람이라고 김지하는 주장한다. 이상으로 살펴 본 김지하를 비롯한 다석과 함석헌의 생명사상은 이 책 저자에게 생명학을 가능하게 해준 주된 사상적 토양이라 할 수 있다.

제8장에서 저자는 다시 한번 생명학 정립의 필요성을 언급하고 있고 또한 개개의 생명체들의 삶 속에 각인 되어 있는 생명의 진리(삶의 진리, 앎의 진리, 살림살이의 진리)를 찾아 나서야 한다고 말한다. 또한 저자는 이 장에서 서양의 틀과 서양의 논리와는 다른 각도에서 우리 민족이 오랫동안 형성해온 존재의 시각으로 우리 민족만의 독특한 '생명'의 의미를 우리 민족의 학문관에 담아내고자 한다. 우리를 지배하고 있는 학문관은 서양의 근대 이후에 확산된 이성을 토대로 한 자연과학적 학문관을 모델로 한 것이다. 이 책의 저자는 우리 민족에는 서양의 학문관과 다른 학문관이 있었다는 사실에 주목한다. 우리 민족에게 '학문學問'은 곧 배우고 물어서, 묻고 배워서 '된사람'이 되려는 길이다. 묻고 배워서 된 사람이 되려는 행위는 자기 닦음과 삶의 실천 속에서만이 제대로 이루어지는 것이다. 때문에 우리 민족의 학문관은 단순한 지식 쌓기로 끝나는 그러한 학문관

이 아니다. 본래 우리 민족이 말하는 학문은 자기 닦음과 삶의 실천을 통해서 앎을 얻게 되는 그러한 학문이다. 저자는 이러한 우리 민족의 학문관에 비추에 새로운 생명학 곧 '생명의 진리에 대해 공부하는 학문'의 건립을 시도하고 있다. 그 동안 망각해버리고 방치해 놓은 우리 민족의 학문관을 되찾아 내어 이를 생명 담론을 위한 학문관으로 제시한 저자의 학문적 태도는 '비판적 계승과 창조적 발휘'의 좋은 본보기라 할 수 있다.

마지막 장인 제9장에서 저자는 새로운 시민운동으로 통전적인 생명운동을 제안하고 생명학의 체계적인 정립의 중요성을 언급한 김용복을 비롯한 여러 생명 운동가들을 소개하고 있다. 이를 통해 저자는 우리나라에서 생명에 대한 논의와 운동이 어떻게 진행되어 오늘에 이르게 되었는지를 보여 주면서 생명학의 필요성과 나아갈 방향을 제시 한다.

이상에서 소개한 『글로벌 생명학 : 동서 통합을 위한 생명 담론』은 중복된 내용, 아직 정리가 덜된 내용, 그리고 세밀하지 못한 각주표기 등의 몇 가지 흠을 지니고 있다. 그럼에도 불구하고 이 책은 한국의 전통과 사상가들 안에 면면히 전승되어 온 생명 이야기를 새롭게 해석해내고 체계화시켜 하나의 생명학으로 정립시켜 놓은 매우 가치 있는 작품이다. 저자가 이 책에서 해낸 해석 작업과 체계화 작업은 누구나 할 수 있는 것이 아니다. 전통과 시대문제에 대한 끊임없는 성찰과 사색, 그리고 인문학적 훈련과 삶의 체험을 통해 길러진 '해석학적 눈'을 가진 사람만이 해낼 수 있는 작업이다.

이 책은 이 시대를 사는 우리 모두가 주목해야할 시대 문제와 그 해법을 찾기 위한 노력이 담긴 작품이다. 저자의 손을 떠난 이 책은 이제 한국에서 생명을 말하고 생태적 사유를 거론할 때 그리고 이와 관련된 생명 운동을 이야기할 때 빼놓을 수 없는 작품으로 자리하게 될 것이다. 이 책에서 '생명학적 차이'를 밝히고 '생명학적 진리'를 제시하고 한국적 학문관으로써 생명을 말한 저자에게, 깊은 감사를 드리며 서평을 마친다.

| 이기상 연보 |

»» **이기상(李基相, Lee, Ki–Sang) 교수의 이력**

1947년 1월 25일 태어나다

1965~1972 가톨릭 대학 신학부 졸업(신학 학사)

1972~1975 벨지움 루벵대학교 신학대학원 석사과정수료

1975~1978 독일 뮌헨 예수회 철학대학 졸업(철학 학사)

1978~1981 독일 뮌헨 예수회 철학대학 대학원(철학 석사)

1981~1985 독일 뮌헨 예수회 철학대학 대학원(철학 박사)

»» 박사학위 논문제목

국문 : 엄밀한 학문으로서의 『존재와 시간』. 현상학을 통해 학문적 철학을 새롭게 정초하려는 하이데거의 시도

독문 : Sein und Zeit als strenge Wissenschaft. M. Heideggers Neubegründung wissenschaftlicher Philosophie durch Phänomenologie

지도교수 : Gerd Haeffner

»» 경 력

한국외국어대학교 철학과 교수(1984~현재)

한국외국어대학교 교육대학원 교학과장(1991~1994)

한국철학교육연구회 회장(1992~1998)

제11회 [열암학술상] 수상(1992)

제34회 [한국출판문화상] 번역상 수상(1994)

한국외국어대학교 인문과학연구소장(1996~1998)

한국외국어대학교 인문대학 학장(1999~2001)

[우리말로 학문하기] 모임 초대 회장(2001~2005)

[우리사상 연구소] 소장(2002~현재)

생명과 평화의 길 학술이사(2004~2007)

다석학회 이사(현재)

국가기록관리위원회 위원(현재)

한국외국어대학교 명예교수(현재)

>>> 지은 책

"Sein und Zeit" als strenge Wissenschaft. Martin Heideggers Neu- begründung wissenschaftlicher Philosophie durch Phänomenologie, München, 1984(박사학위논문).

『하이데거의 실존과 언어』, 문예출판사, 1991.

『하이데거의 존재와 현상』, 문예출판사, 1992.

『하이데거 철학에의 안내』, 서광사, 1992.

『<존재와 시간> 용어해설』, (구연상과 공저), 까치 1998.

『존재의 바람, 사람의 길』, 철학과 현실사, 1999.

『철학노트』, 까치, 2002.

『서양철학의 수용과 한국철학의 모색』, 지식산업사, 2002.

『하이데거의 존재사건학. 존재진리의 발생사건과 인간의 응답』, 서광사, 2003.

『이 땅에서 우리말로 철학하기』, 살림(살림지식총서 024), 2003.

『다석과 함께 여는 우리말 철학』, 지식산업사, 2003.

『존재와 시간. 인간은 죽음을 향한 존재』, 살림, 2006.

『콘텐츠와 문화철학. 문화의 발전단계와 콘텐츠』, 북코리아, 2009.

『지구촌 시대와 문화콘텐츠. 한국 문화의 지구화 가능성 탐색』, 한국외국어대학교 출판부, 2009.

『쉽게 풀어 쓴 하이데거의 생애와 사상 그리고 그 영향』, 누멘, 2010.

『글로벌 생명학. 동서 통합을 위한 생명 담론』, 자음과모음, 2010.

»» 옮긴 책

이기상 편역, 『주제별 철학강의』, 동아출판사, 1991.

F. Zimmermann(짐머만), 이기상, 『실존철학』, 서광사, 1987.

K. Wuchterl(부흐텔), 이기상, 『철학과 종교. 현대의 종교철학적 논쟁』, 서광사, 1988.

E. Martens(마르텐스), 이기상, 『철학교육』, 서광사, 1988.

W. Weischedel(바이셰델), 이기상/이말숙, 『철학의 뒤안길』, 서광사, 1990.

M. Heidegger(하이데거), 이기상, 『기술과 전향』, 서광사, 1992.

O. Pöggeler(페겔러), 이기상/이말숙, 『하이데거 사유의 길』, 문예출판사, 1993.

M. Heidegger(하이데거), 이기상, 『현상학의 근본문제들』, 문예출판사, 1994.

M. Heidegger(하이데거), 이기상, 『형이상학이란 무엇인가?』, 서광사, 1995.

Hans-Peter Hempel(헴펠), 이기상/추기연, 『하이데거와 禪』, 민음사, 1995.

F.-W. von Herrmann(폰 헤르만), 이기상/강태성, 『하이데거의 예술철학』, 문예출판사, 1997.

M. Heidegger(하이데거), 이기상, 『존재와 시간』, 까치, 1998.

M. Heidegger(하이데거), 이기상, 『논리학. 진리란 무엇인가?』, 까치, 2000.

M. Heidegger(하이데거), 이기상/강태성 『형이상학의 근본개념들. 세계—유한성—고독』, 까치, 2001.

M. Heidegger(하이데거), 이기상/김재철, 『마르틴 하이데거 존재론』, 서광사, 2002.

M. Heidegger(하이데거), 이기상/김재철, 『철학입문』, 까치, 2006.

M. Heidegger(하이데거), 이기상/신상희/박찬국, 『강연과 논문』, 이학사, 2008.

»» 논 문

Samsin Halmae's Reason of Sallimsari(Vivification)(Grenzgaege. Studien zur interdisziplinaeren und interkulturellen Phaenomenologie, Orbis Phaenomenologicus, 2011)

지구촌 시대의 존재사건과 통합적 시각의 필요성(존재론연구, 한국하이데거학회, 2010) 지구 살림살이를 위한 녹색성장. 녹색성장의 생명학적 토대 구축 시도(환경철학, 한국환경철학회, 2010)

생명은 웋일름을 따르는 몸사름. 다석 생명사상의 영성적 차원(생각하는 백성이라야 산다, 씨올사상연구소, 2010)

동서 통합의 영성적 철학자. 다석 유영모 사상의 철학적 의미(생각하는 백성이라야 산다, 씨올사상연구소, 2010)

영상문화시대와 통합(通合)적 상상력(기호학연구, 한국기호학회, 2010)

하이데거와 횔덜린 : 시인과 사유자의 대화(신생, 2010)

한국문화의 지구화를 통한 문화국가의 꿈 구현(21세기 대한민국, 문화대국에의 비전과 전략, 한국정치학회, 2010)

문화콘텐츠와 철학. 지구화 시대 한국 문화의 지구화 탐색(문화콘텐츠 시대의 철학과 인문학의 힘, 철학연구회, 2010)

Holiness and Spirituality. How to communicate with God in the Age of Globalization(Word and Spirit. Truth and Perspectives, Collection of Lectures, East-West Theological Forum, 2009)

생명문화 공동체를 위한 생명학(불교평론, 2009)

성스러움과 영성. 우리 시대 하느님과의 소통 방법(철학과 현상학 연구, 한국현상학회, 2009년)

지구화 속 한국 철학의 중심잡기(나라사랑, 한글학회, 2008)

이성과 언어의 소통. 사유하는 '홀로 주체'에서 말하는 '서로 주체'에로(우리말로 학문하기의 사무침, 우리말로 학문하기 모임, 2008)

생명은 ᄋᆞᇂ일름을 따르는 몸사름. 다석 생명사상의 영성적 차원(유영모·함석헌 사상 연구 발표집, 씨ᄋᆞᆯ사상연구회, 2008)

생명의 진리와 생명학. 지구 생명시대의 생명문화 공동체(해석학연구, 한국해석학회, 2008)

한국 문화 정체성의 바탈 : 감성과 영성의 엇구수한 살림살이(문화콘텐츠, 실학에서 길을 찾다, 신규장각, 2007)

생명의 진리. 살라는 하늘의 절대 명령(씨ᄋᆞᆯ 생명 평화, 씨ᄋᆞᆯ사상연구회, 2007)

존재사건과 존재지평. 한국어의 존재(있음)에서 읽어내는 존재사건(하이데거 연구, 한국하이데거학회, 2007)

세계. 그 의미의 전개와 구조(우리말 철학사전 5 : 사랑·세계·철학, 우리사상연구소, 2007)

삼신 할매 신화에서 읽어내는 한국인의 살림살이 이성(해석학 연구, 한국해석학회, 2007)

지구 지역화와 문화콘텐츠. 지구촌 시대가 기대하는 한국 문화의 르네상스(문화콘텐츠와 지역문화, 인문콘텐츠학회, 2006)

한국 문화정체성의 바탈 : 감성과 영성의 엇구수한 살림살이(문화콘텐츠-실학에서 길을 찾다, 경기문화재단, 2006)

생명의 진리와 생명학 - 지구 생명시대에 요구되는 생명문화 공동체(세계생명문화포럼, 경기문화재단, 2006)

함석헌의 생명학적 진리. 우리말에서 읽어내는 삶의 진리(철학과 문화, 한국외국어대학교 철학연구소, 2006)

하이데거의 말놀이 사건. 말의 말함과 하이데거의 응답함(하이데거연구, 한국하이데거학회,

2006)
The 'Happening of Being' and the Horizon of Being. Enowning of the Understanding of Being in Korea(Studia Phänomenologica, 2005)
생명은 읗일름을 따르는 몸사름. 다석 유영모의 생명사상의 영성적 차원(씨알의 소리, 씨알사상연구회, 2005)
삼신 할매의 살림살이 이성이 현대 사회의 삶에 가지는 의미(Samsin Halmae's Reason of Sallimsari(Vivification)(A New Renaissance for Life and Peace in East Asia, 2005)
이 땅에서 존재진리사건과 그 대응 : 사건학(우리말로학문하기모임 학술대회 발표논문집, 우리사상연구소, 2005)
현대에서의 언어와 철학. 언어는 의식과 무의식의 가능조건(나라사랑, 2004)
사이버 시대에서 존재중심의 사유 비판과 그 대안(한국언어문화, 국제한국언어문화학회, 2004)
우리말에서 찾는 생명관(한국언어문화, 국제한국언어문화학회, 2004)
역사 속의 진리사건. 진리가 비은폐성에서 올바름으로 변함(하이데거연구, 한국하이데거학회, 2004)
생명학의 미래를 생각한다. 지구 살림살이를 위한 생명(세계생명문화포럼집, 경기문화재단, 2003)
기술시대에서 철학의 종말과 사유의 과제. 하이데거의 기술에 대한 존재론적 고찰(언론과 사회, 성곡언론문화재단, 2003)
다석 류영모의 인간론. 사이를 나누는 살림지기(씨알의 소리, 씨알사상연구회, 2003)
김지하의 생명사건론. 생활 속에서 이루어야 하는 우주적 대해탈(해석학연구, 한국해석학회, 2003)

서양철학의 수용과 그 의의(한국철학의 탐구, 강릉대학교 철학과, 2003)

세계화와 동아시아 가치. 나눔과 섬김 속의 살림살이(만해축전 세계화 심포지움, 만해사상 실천선양회, 2003)

한국인의 삶 속에서 읽어내는 생명의 의미. 살림을 위한 비움과 나눔(해석학연구, 한국해석학회, 2003)

현상학적 간호 연구방법의 재조명(현상학적 간호연구방법의 재조명, 대한질적연구간호학회, 2002)

서양철학의 수용과 한국철학의 모색(우리 학문 가능한가?, 우리말로 학문하기 모임, 2002)

한국의 해석학적 상황과 초월론적 자아. 현상학 · 실존철학의 수용과 한국철학의 정립(철학연구, 철학연구회, 2002)

세계화 시대에 한국 지성인의 역할(사이, 우리말로 학문하기 모임, 2002)

존재역운으로서의 기술. 사이버 시대에서의 인간의 사명(하이데거연구, 한국하이데거학회, 2001)

존재에서 성스러움에로! 21세기를 위한 대안적 사상모색. 하이데거의 철학과 류영모 사상에 대한 비교연구(해석학연구, 한국해석학회, 2001)

정보화 시대에 대한 반성. 정보에 대한 인식론적 고찰(언어와 언어학, 한국외국어대학교 언어연구소, 2001)

다석 류영모에게서의 텅 빔과 성스러움(철학과 현상학연구, 한국현상학회, 2001)

하이데거에서의 존재와 성스러움(철학, 한국철학회, 2000)

허무주의 시대에서의 신의 자리. 벨테의 종교경험에 대한 풀이(현대의 윤리적 과제, 가톨릭출판사, 2000)

철학 교과목의 죽음과 그 망령(철학연구, 철학연구회, 2000)

시간, 시간의식, 시간존재. 시간에 대한 현상학적 분석(과학사상, 2000)

21세기 기술시대를 위한 새로운 가치관 모색(가톨릭철학, 한국가톨릭철학회, 1999)

이 땅에서 철학하기. 탈중심시대에서의 중심잡기(이 땅에서 철학하기. 21세기를 위한 대안적 사상 모색, 우리사상연구소, 1999)

철학함과 민족 언어. 우리말로 철학하기(한민족과 2000년대의 철학 I권, 한국철학회, 1999)

태양을 꺼라! 존재중심의 사유로부터의 해방. 다석 사상의 철학사적 의미(인문학 연구, 한국외국어대학교 인문과학연구소, 1999)

한국의 해석학적 상황과 초월론적 자아. 현상학. 실존철학의 수용과 한국철학의 정립(철학과 현상학 연구-문화와 생활세계, 한국현상학회, 1999)

형이상에 대한 현대적 접근. 하이데거의 존재사건학(형이상에 대한 동서양의 철학적 접근, 한국정신문화연구원, 1998)

철학개론서와 교과과정을 통해 본 서양철학의 수용(1980년 이후)-(철학사상, 서울대학교 철학사상연구소, 1998)

한국의 해석학적 상황과 초월론적 자아(동서철학의 수용과 한국철학의 정립, 철학연구회, 1997)

인간은 무의 자리지기(인문학 연구, 한국외국어대학교 인문과학연구소, 1997)

<한국화>란 무엇을 의미하는가(한국 가톨릭 어디로 갈 것인가, 우리사상연구소, 1997)

기술시대의 예술(삶 · 윤리 · 예술, 이문출판사, 1997)

하이데거의 존재와 시간(철학과 신학, 호남신학대 해석학연구소, 1997)

한국 고교철학교육의 실태(철학교육연구, 한국철학교육연구회, 1997)

존재진리의 발생사건에서 본 기술과 예술(하이데거연구-하이데거의 철학세계, 한국하이데거학회, 1997)

신 없이도 윤리도덕은 가능한가. 이문열의 사람의 아들(외대철학, 한국외국어대학교 철학과, 1996)

새로운 보편 문화논리의 모색. 해석학, 화용론 그리고 사건론(인문학연구, 한국외국어대학교 인문과학연구소, 1996)

하이데거의 현대기술비판(철학교육연구, 한국철학교육연구회, 1996)

철학개론서와 교과과정을 통해 본 서양철학의 수용(1900~1960)-(철학사상, 서울대학교 철학사상연구소, 1996)

사르트르의 존재와 무(철학교육연구, 한국철학교육연구회, 1995)

하이데거의 형이상학 이해(현대 존재론의 향방, 철학과 현실사, 1995)

현대의 실존적 상황과 인간성 상실의 위기(인간성 상실과 위기극복, 철학과 현실사, 1995)

키에르케고르의 실존적 결단. 이것이냐 저것이냐(철학교육연구, 한국철학교육연구회, 1994)

데카르트의 진리의 추구(삶의 의미를 찾아서, 이문출판사, 1994)

현대기술의 극복과 전향(기술과 전향, 서광사, 1993)

우리 사회 청소년의 방황과 탈선(외대교육논총, 한국외국어대학교 교육대학원, 1993)

현대기술의 본질 : 도발과 닦달(과학사상, 1992)

하이데거의 현사실성의 해석학(생활세계의 현상학과 해석학, 한국현상학회, 1992)

하이데거의 생애와 사상. 존재의 의미와 시간(씨알의 소리, 씨알사상연구회, 1991)

시간의 존재론적 정초. R. 셰플러의 「역사시간의 구조」를 중심으로(외대논문집, 한국외국어대학교, 1991)

계산의 시간. 아리스토텔레스에 있어서의 시간철학(철학, 한국철학회, 1991)

해방적 교육학(외대교육논총, 한국외국어대학교, 1990)

인간교육을 둘러 싼 논쟁(철학연구, 철학연구회, 1990)

인간자유의 본질에 대한 현상학적 고찰(세계의 문학, 1989)

우리말로 철학하기 철학함의 대상-주체-실천연관(한국인문과학의 제문제, 한국정신문화연구원, 1989)

성년에의 교육을 지향 : 독일 철학교육의 역사(철학연구, 철학연구회, 1989)

한국철학교육 이대로 좋은가(철학교육연구, 한국철학교육연구회, 1988)

하이데거의 현상학 이해(현상학연구, 한국현상학회, 1988)

자유와 실천. 행위하는 자아의 관점에서 본 자유(현상과 인식, 한국인문사회과학연구회, 1988)

혁명과 혁신을 통한 역사의 유물론적 전개(현대사회의 변화와 지성인의 역할, 이문출판사, 1987)

하이데거의 기초존재론과 학문의 정초(철학연구, 철학연구회, 1987)

신을 안 믿는 그리스도인 : 대심판관(철학교육연구, 한국철학교육연구회, 1987)

대화로써 해방을! 하버마스의 규범적 진화이론(현상과 인식, 1987)

고교철학-어떻게 가르칠 것인가?(철학교육연구, 한국철학교육연구회, 1987)

고교철학-무엇을, 왜 가르칠 것인가?(철학교육연구, 한국철학교육연구회, 1987)

M. 하이데거의 현상학적 방법 -[존재와 시간]에 나타난 현상학적 분석의 세 단계(철학, 한국철학회, 1985)

Heidegger는 현상학자다(철학과 신학의 만남, 성바오로 출판사, 1985)

존재는 생명의 강물

이기상 교수의 정년(停年), 새로운 해오름을 기리며

1판 1쇄 인쇄 2012년 04월 20일
1판 1쇄 발행 2012년 04월 28일

지은이 박 이문, 김 일수, 오 세영, 박 정근, 윤 성우, 김 원명, 김 재철, 구 연상, 한 희숙, 조 형국, 김 성수, 이 지영, 신 정아, 송 은희, 정 현기, 정 대현, 진 월, 박 찬국, 강 학순, 윤 병렬, 최 상욱, 이 승종, 서 동은, 김 권일
엮은이 이기상 교수 정년 기념 출판위원회
펴낸이 서채윤
펴낸곳 채륜
책임편집 정나영
표지·본문디자인 Design窓

등록 2007년 6월 25일(제25100-007-00025호)
주소 서울 광진구 군자동 229
대표전화 02-6080-8778 | **팩스** 02-6080-0707
E-mail chaeryunbook@naver.com
Homepage www.chaeryun.com

책값은 뒤표지에 있습니다.
ISBN 978-89-93799-59-0 93100